ANATOMIA de uma BRUXA

UM MAPA PARA O CORPO MÁGICO

LAURA TEMPEST ZAKROFF

ANATOMIA de uma BRUXA

UM MAPA PARA O CORPO MÁGICO

ALFABETO

Direção Editorial: Edmilson Duran
Produção Editorial: Rackel Accetti
Tradução: Johann Heyss
Revisão: Tatiana Müller e Momsen Constancio
Capa: Décio Lopes
Ilustrações de: Laura Tempest Zakroff
Diagramação: Décio Lopes

DADOS INTERNACIONAIS DE CATALOGAÇÃO DA PUBLICAÇÃO

Zakroff, Laura Tempest

Anatomia de uma Bruxa: Um mapa para o corpo mágico/ Laura Tempest Zakroff – 1ª edição – São Paulo: Editora Alfabeto, 2024.

ISBN 978-65-87905-72-3

1. Wicca 2. Bruxaria 3. Espiritualidade 4. Magia I. Título

ALFABETO

EDITORA ALFABETO
Rua Ângela Tomé, 109 | Rudge Ramos
CEP: 09624-070 | São Bernardo do Campo/SP | Tel: (11)2351.4168
editorial@editoraalfabeto.com.br | www.editoraalfabeto.com.br

Para todos que se movem de maneiras misteriosas,
(e) em memória amorosa de Sam

Sumário

Prefácio 15

Introdução 19

Descobrindo o corpo mágico 21

Uma bruxa é mais do que partes e peças 22

A forma quíntupla e o tarô 23

Considerações elementares 24

Realismo corporal 26

Melhor que básico 29

Entra o Louco: começar de novo 30

Capítulo 1: Os Pulmões da Bruxa 35

O Mago: Equipado e presente no altar 36

O que são Pulmões da Bruxa? 36

O invisível influente 38

Interconectividade e o espírito de tudo 41

Soberania da bruxa 46

Respirar gera voz 49

O Sigilo da Palavra Sábia 50

Criando e sendo um espaço mágico 52

Aroma e magia dos cheiros 58

Considerando a poluição 61

Sigilo dos Pulmões da Bruxa 62

Capítulo 2: O Coração da Bruxa ... 65
A Sacerdotisa: Caminhe pelo mistério ... 66
Gosto de movimentar ... 67
Simbolismo do coração ... 69
Magia com nosso sangue ... 71
Corrente sanguínea: entrando no ritual ... 72
As marés do corpo ... 76
Ritual de iniciação ... 78
Memória muscular ... 83
A prática gera poder ... 85
Visão do coração: o olhar de quem vê ... 87
Fique imóvel, respiração e sangue ... 92
Sigilo do Coração da Bruxa ... 93

Capítulo 3: A Serpente ... 95
A Imperatriz: Seja farta e plena por dentro ... 96
Encontrando a Serpente ... 96
A Serpente Sagrada ... 100
A Serpente de água: limpeza e purificação ... 104
Preservar e construir energia ... 106
Devorar feito uma cobra ... 112
Seguindo a Serpente ... 113
Sigilo da Serpente ... 115

Capítulo 4: Os Ossos da Bruxa ... 117
O Imperador: Sobre os ombros de gigantes ... 118
O caminho do osso ... 118
A canção dos ossos ... 123
Conectando-se com os espíritos do local ... 127
Casas com bons ossos ... 129
Ossos quebrados ... 132
Sigilo dos Ossos da Bruxa ... 133

Capítulo 5: A tecelã 135
O Hierofante: A casa governada pelo espírito 136
Ei, material estelar 136
Magia e as carruagens elétricas do pensamento 137
Fazendo emoções e experiências 140
Recebendo sinais: conectando-se com o divino 141
Seja a Tecelã 143
Detalhes sensacionais 146
Sigilo para fortalecer a visão sensitiva 149
Escutando o silêncio 150
Lidando com afantasia 151
Sigilo da Tecelã 153

Capítulo 6: Amando o corpo mágico 155
Os Amantes: O amor-próprio radical é um direito e um ritual 156
Reconectando o corpo 157
Um corpo mágico 159
Tempo de templo 161
Camadas externas 162
Sigilo para curar problemas com autoimagem 163
Cultive seus próprios ingredientes 164
Adornando o templo 166
Encantando a língua 173
Construindo o templo interno 176
Eu podia fazer xixi nisto 178
Manutenção mágica 180
Fabulosidade familiar 182
Amor prático 183

Capítulo 7: Tocar o céu, beijar a terra ... 187
A Carruagem: Movimento alegre para a frente ... 188
O êxtase da dança ... 189
Tocar o céu ... 190
Gestos das mãos ... 194
Beijando a terra ... 196

Capítulo 8: Cuidando dos caldeirões ... 205
Força: O corpo unido ... 206
Ritual para cuidar do seu Caldeirão do Aquecimento ... 207
Ritual para limpar seu Caldeirão do Movimento ... 209
Ritual para se conectar com seu Caldeirão da Sabedoria ... 210
Ritual da fonte do caldeirão ... 212

Capítulo 9: O lar dentro do templo ... 215
O Eremita: Pelos poderes de três combinados ... 216
Venha para o escuro ... 216
Ilumine o caminho ... 221
Seja a Bruxa (que eu sei que você é) ... 222
Sigilo da Anatomia da Bruxa ... 226

Conclusão ... 229
Bibliografia ... 231

Lista de ilustrações

Pulmões da Bruxa ... 35
Sigilo da Palavra Sábia ... 51
Sigilo dos Pulmões da Bruxa ... 62
Coração da Bruxa ... 64
Corações Elementais ... 91
Sigilo do Coração da Bruxa ... 93
A Serpente ... 94
Sigilo da Serpente ... 115
Ossos da Bruxa ... 116
Sigilo dos Ossos da Bruxa ... 133
Mente da Bruxa ou Tecelã ... 134
Sigilo para aprimorar a visão astral ... 149
Sigilo da Tecelã ... 153
Amando o corpo mágico ... 154
Sigilo para curar problemas de imagem corporal ... 164
Tocando a magia ... 186
Diagrama dos gatinhos da parede, do coelho do céu e dos furões do chão ... 193
Rosa dos Ventos ... 203
Os Caldeirões da Poesia ... 204
Sigilo do corpo da Bruxa ... 214
Sigilo da anatomia da Bruxa ... 227

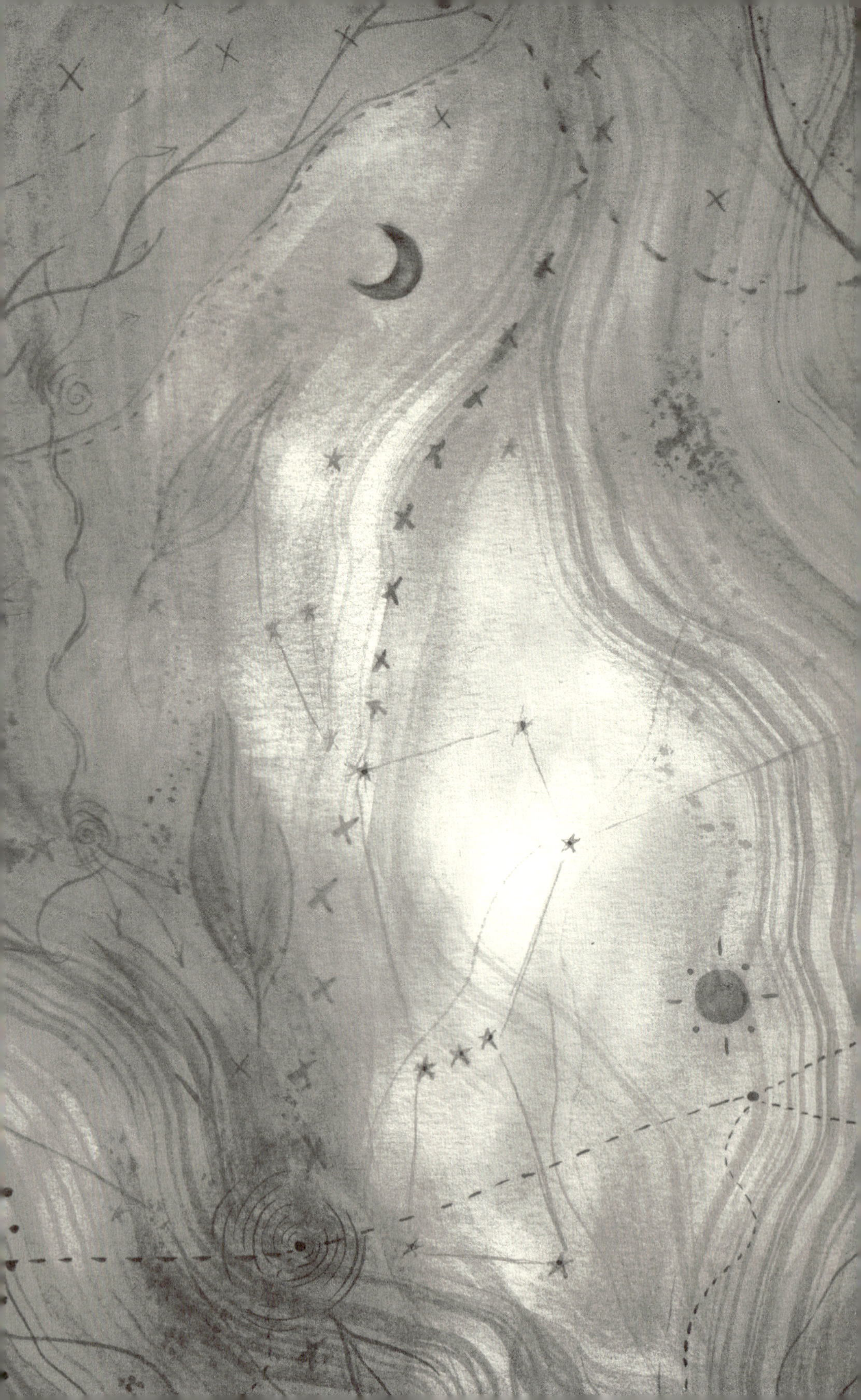

Rituais, Bruxesco & Outros Exercícios

Capítulo 1

Respirar melhor 40
Sugestão para o diário: Conectando com o espírito 44
Exercício das Três Respirações: Soberania da bruxa 46
Um feitiço para invocar o eu soberano: Respirar gera voz 49
Sugestão para o diário: O poder das palavras 50
O círculo do corpo 56
Bruxesco: Círculo de ar 57
Respiração direcionada 57
Sugestão para o diário: Sentindo odores 61
Feitiço contra a poluição 62

Capítulo 2

Sugestão de diário: O que acende meu fogo? 69
Sugestão de diário: Magia no mundano 76
Bruxesco: Corações elementais 89

Capítulo 3

Bruxesco: Banhos rituais 105
Exercício para libertar, reabastecer e reavivar 111

Capítulo 4

Alinhando os corpos 121
Ritual de Chamada dos Ossos 125
Bruxesco: Reequilibrando a casa 131
Sugestão de diário: Contagem de corpos 158
Sugestão de diário: Muito supersticiosa? 166
Bruxesco: Encanto da maquiagem 168
Bruxesco: Consagração 172
A terra do sabor 173
Bruxesco: Feitiços da língua 175
Alcance os gatinhos: como ativar suas mãos 191
Olá, pés! 197
Fazendo do corpo um altar: círculo de feitiço com movimento ... 198
Bruxesco: Direção da bruxa 202
Ritual para cuidar do seu Caldeirão do Aquecimento 207
Ritual para limpar seu Caldeirão do Movimento 209
Ritual para se conectar com seu Caldeirão da Sabedoria 210
Ritual da fonte do caldeirão 212
Ritual de dedicação de uma bruxa 224

Prefácio

Christopher Penczak

No clássico da magia moderna The Sandman, de Neil Gaiman, uma das personagens, Lyta, sai em missão para pedir ajuda às Fúrias, deusas gregas que distribuem justiça e vingança. "Vocês são... vocês são as Fúrias?", ela lhes pergunta.

"Somos as Fúrias? Você é uma mão? Ou um olho? Ou um dente?", elas respondem.

"Não, claro que não. Eu sou eu mesma. Mas tenho essas coisas dentro de mim...", diz Lyta.

Esse simples intercâmbio incorpora uma profunda sabedoria mágica para todos nós. Aqui, Gaiman fala sobre a nossa natureza, sobre como nós e os deuses somos muitas coisas, temos diversas identidades e papéis dentro de algo maior, e vale-se de partes bem tangíveis do corpo para ilustrar as divindades menos tangíveis dentro da gente. Todos somos compostos de muitas partes. Temos muitas coisas dentro de nós e, ao explorarmos essas coisas, é possível incorporar melhor quem somos. Tais elementos nos levam a esse Eu mesmo essencial.

Atualmente as bruxas continuam buscando seu Eu essencial, como vêm fazendo desde o começo, mas uma área volta e meia negligenciada pelas bruxas de hoje são as partes muito tangíveis de nós mesmos, aquelas partes dentro do nosso corpo, nossos órgãos e estruturas, e as forças mágicas que se encontram em todas as pessoas, profundamente ancoradas nas partes do nosso corpo. Assim como a mão, o olho e o dente contêm sabedoria para nós, Laura Tempest Zakroff nos leva a uma jornada mágica por nosso corpo, desenhando um pentagrama que nos ensina sobre os pulmões, o coração, a serpente, os ossos e a mente.

Nosso corpo é o cruzamento entre nossa consciência e nossa experiência. Nossos sentidos físicos são a principal interface para nossas experiências no mundo. A bruxaria é uma arte como qualquer outra, porém trata-se de uma arte corporificada. A vida é o meio para a nossa arte, e essa vida é a interseção de nossa consciência e nosso corpo com o que nos cerca, tanto o físico quanto o não físico. Grande parte da bruxaria e do ocultismo tradicionais é visceral e sensorial para aprimorar nossa consciência dessa interface sensorial. Precisamos sentir a bruxaria em todos os níveis para praticá-la de modo verdadeiro e profundo. Ela está em nossa mente, sim, um dos cinco pontos desses ensinamentos, mas também está em nossos ossos. Alguns, inclusive eu, concentram-se tanto no visionário, no sobrenatural e no místico, que perdem de vista a magia em nosso sangue e ossos, em nossa respiração e dança, no suor e nas lágrimas, no prazer e na dor. Muitos se encantam com a bruxaria e a magia como fuga do mundo e do corpo, mas nada mais longe da verdadeira bruxaria do que o escapismo. Bruxaria é enfrentar as coisas que são para, assim, possibilitar as que poderiam ser. Laura não se esquiva disso; ela nos diz abertamente que, embora o corpo seja incrível, ele também é tumultuado e, às vezes, horrível, com suas surpresas e desafios. Se você está procurando um caminho limpo e imaculado, sem nenhum tumulto, terá algumas surpresas ao percorrer o caminho da bruxa.

O corpo nos move no mundo visível e nos mundos invisíveis. Os sentidos físicos e psíquicos nos ajudam a navegar e a nos comunicar com esses mundos. O corpo da bruxa e, na verdade, qualquer corpo, identificado como bruxa ou não, é ao mesmo tempo mapa e terreno. Um dos ensinamentos clássicos do ocultismo, conhecido como Princípio da Correspondência, nos diz, no nível mais cósmico, que "Assim como é em cima, é embaixo" e, ao citá-lo, a maioria das pessoas esquece a segunda parte, "Assim como é dentro, é fora". Não se trata apenas de uma máxima da astrologia, mas de como o mundo exterior e a experiência que podemos ver correspondem ao que está acontecendo dentro de nós. A maioria relega isso ao psicológico, ao que estamos pensando e sentindo, mas também é um ensinamento literal. Nossos órgãos, sangue e ossos estão dentro de nós, assim como nossos pensamentos e emoções. Quando mudamos nossa respiração, nosso movimento, nossa frequência cardíaca e a química do nosso corpo, mudamos o mundo exterior ou, pelo menos, nossa experiência em relação a ele.

Encontramos esse Princípio da Correspondência nos antigos mitos da criação do universo. Há muitos tipos de histórias sobre a criação, com semelhanças que transcendem cultura, idioma e lugar, mas um conceito recorrente é o do corpo cósmico. O universo é literalmente o corpo de um ser divino. Algumas tradições de bruxaria o veem como a Deusa Estrela. Outras entendem a criação do mundo como o sacrifício do corpo cósmico, a primeira ou maior divindade. Isso está na tradição nórdica do gigante Ymir e na tradição suméria do dragão-serpente Tiamat. O corpo é sacrificado e a próxima geração de deuses cria o mundo que conhecemos a partir do corpo. Ossos viram montanhas. O sangue vira os rios e mares. O crânio vira a abóbada do céu.

Embora eu prefira um modelo de cosmos vivo em que todos somos células dentro de um corpo vivo, e não um corpo feito de um cadáver, em ambos os mitos – vivos e mortos – está embutida a razão para proporções, geometrias e correspondências sagradas entre nosso corpo e o corpo do cosmos. Todos nós somos seres vivos feitos com os mesmos padrões e formas. Olhando para um, aprendemos sobre os outros, sejam as estrelas ou os processos, ciclos e estruturas de nosso corpo. Todos são divinos. Embora talvez nos sintamos separados da natureza, o próprio corpo é o mapa do cosmos. Logo, devemos nos familiarizar mais com ele se quisermos vivenciar os mistérios cósmicos. Dá para começar pela respiração. Dá para começar pelo sangue. Dá para nos aprofundarmos em nossos ossos. A partir desses três, encontramos os poderes serpentinos mais efêmeros da força vital primordial, tão profundamente ligados à iconografia da bruxa, e podemos entender com mais clareza os poderes da mente, que não residem apenas no cérebro, mas permeiam nosso corpo inteiro por meio do sistema nervoso e além.

Não consigo imaginar guia melhor do que Laura Tempest Zakroff no caminho da bruxa encarnada, ao explorar o interior e o exterior do cosmos. Ela mistura habilidade, conhecimento intelectual, experiência direta, sensibilidade à nossa singularidade de corpo e alma, verdade poética e instruções específicas. Ocasionalmente se valendo de imagens da sabedoria da cultura pop para defender seu ponto de vista, como os escritos de Terry Pratchett ou os leões de Voltron, Laura aponta para uma verdade alquímica mais profunda e conduz a um ponto a partir do qual você pode ter a vivência direta. Portanto, não deixe de fazer a sua parte. Este livro pode ser complicado. Não se trata apenas de algo para ler e deixar de lado. *Anatomia de uma bruxa* é um livro de ação; caso contrário, você perderá o objetivo principal da obra e, na verdade, o objetivo principal da bruxaria. A bruxaria é a aceitação de nosso corpo, com nossos sentidos. A bruxaria é encontrada no fazer, e o corpo é o nosso recipiente para o fazer. Ainda mais importante, a bruxaria é ser. Somos bruxas e simplesmente somos, irradiando nosso ser para o mundo. O corpo é o nosso ponto físico de manifestação neste mundo. Existimos no corpo, com tudo o que isso implica. Aqui, aprendemos a nos aprofundar na compreensão do que o corpo requer para sermos bruxas.

Christopher Penczak
Cofundador do Temple of Witchcraft[1]
Autor de "Os Portais da Bruxaria" da Editora Alfabeto

1. Templo da Bruxaria.

Introdução

O corpo da bruxa é
uma constelação de estrelas,
olhos que traspassam a escuridão,
lábios que falam em canção e silêncio,
ouvidos sintonizados com as vozes dos espíritos,
pulmões que respiram o liminar,
um coração de fogo pulsando em uma dança extasiante,
os quadris plenos de sabedoria de serpente,
dedos que tecem os mistérios
e pés que beijam a terra.

Imagine que você é uma constelação – um ser cósmico formado por estrelas. Você contém galáxias rodopiantes compostas de planetas em órbita e muitas luas. Seu corpo parece não ter fim, murmurando profundidades incalculáveis e sibilando as secretas canções do espaço. Você é visível e invisível: feito tanto pelo que pode ser visto a olho nu quanto pelos mistérios desconhecidos que inspiram a imaginação dos demais. Mitos são contados e recontados sobre suas jornadas épicas. Inúmeras pessoas são guiadas por sua trajetória no céu ao longo das estações. Para elas, seu corpo celeste é um mapa para navegar não apenas no mundo físico, mas também nos mistérios do universo.

Parece muito mágico e incrível, não é? Bem, o corpo em que você se encontra neste exato momento é tão mágico e incrível quanto. Você não só possui a maravilha física que é o corpo humano vivo, como também tem a anatomia de uma bruxa. Seu corpo é um mapa vivo, feito de material estelar e pronto para direcionar e guiar sua jornada.

O corpo humano é um recipiente para magia, mas é mais do que apenas isso; o corpo é multifacetado, é uma residência miraculosa. Seguindo por um caminho serpentino de sangue, respiração e ossos – misturados com elementos –, é possível encontrar e conhecer o corpo da bruxa. No espaço entre ossos e músculos, nervos e vasos sanguíneos, flui a capacidade de magia – um espírito que habita a carne. Esse espírito é você. O corpo é um canal para unir os mundos carnal e metafísico.

A bruxa é carne.
A bruxa é pensamento.
A bruxa é espírito.

Uma bruxa sabe que está conectada e faz parte do mundo à sua volta, tanto do que se vê quanto do que não se vê. As bruxas se conectam aos ritmos universais, acompanhando a batida de seu coração para encontrar seu caminho. A bruxa escuta o Eu primordial que há em seu cerne, encontrando equilíbrio entre ação e repouso. As tradições do passado fornecem uma estrutura sobre a qual a bruxa constrói uma prática viva. Por fim, a bruxa é guiada por uma sabedoria que extrai o misterioso e o metafísico, juntamente com o prático e o profundo.

Uma das coisas que as bruxas fazem de melhor é tecer fios liminares, conectando reinos e espíritos em seu trabalho. Mas entender como desenvolver essa habilidade vai além de ler um livro ou de saber como é que se faz. A maneira de realmente vivenciar a bruxaria é aprender a incorporá-la. Os mistérios precisam ser vivenciados para serem revelados e compreendidos. O caminho é um lugar por onde se avança como em um labirinto – com todo um processo para chegar ao centro e depois voltar a sair em espiral –, uma peregrinação ao funcionamento do Eu interior. A jornada deve começar com o corpo, dando tanto passos metafísicos quanto físicos.

O nosso desafio enquanto bruxas da atualidade é abraçar o nosso corpo e aproveitar o nosso poder pessoal em plenitude, apesar de todas as construções e limitações que a sociedade possa tentar nos impor. Por meio dessas experiências vívidas, ganhamos sabedoria para nos conectarmos com os mundos visível e invisível, bem como uns com os outros. Nós nos tornamos verdadeiramente nós mesmas – capazes, presentes e poderosas.

Descobrindo o corpo mágico

Então, como exatamente é possível aprender a incorporar sua magia e liberar o poder e o potencial que há dentro de você? Este livro é um convite para uma jornada de autoanálise e desbravamento mágico. Prepare-se para olhar para a bruxaria e para o seu corpo de maneiras que provavelmente jamais pensou antes.

Embora o corpo humano tenha vários sistemas e órgãos – que sem dúvida podem ser correlacionados às práticas mágicas da sua própria maneira –, o corpo da bruxa será examinado em cinco partes metafóricas: pulmões, coração, serpente, ossos e mente. Juntas, elas sintetizam a essência simbólica que direciona o caminho da bruxa.

1. Começando com os **Pulmões da Bruxa,** vamos explorar a respiração enquanto meio de interconectividade, estabelecendo presença pessoal e percebendo influências invisíveis.
2. O **Coração da Bruxa** fornece ritmo para nos movermos à medida que buscamos equilíbrio dentro de nós mesmas e em relação ao mundo que nos cerca. O pulsar do nosso sangue alimenta o ritual, o que nos ajuda em nossa comunicação e no encontro de um propósito em nosso trabalho.
3. Ao invocar a parte mais primordial de nós mesmas, a **Serpente** nos guia para fortalecermos nossos poderes de intuição e proteção. Enquanto traçamos seu caminho em espiral, descobrimos os mistérios curativos da criatividade e da transformação.

4. Os **Ossos da Bruxa** nos dão força e estrutura para construir nossa prática. Eles guardam os sussurros de nossos ancestrais e os mistérios da morte, mas também falam do futuro.
5. A **Mente da Bruxa**, ou Tecelã, é o caldeirão criativo que remexe e mistura todas as coisas. A Tecelã intencional lembra, orienta e inicia a centelha que direciona nosso caminho.

Este livro é um manual sobre a ferramenta mais mágica que você possui: seu corpo. A bruxaria é imediata e está ao nosso redor, e você se conecta a ela de modo mais profundo quando está mais poderosamente presente em seu próprio corpo. Usaremos os sistemas biológicos do corpo humano como um mapa metafórico e um guia elementar para explorar rituais, trabalhar com magia, desenvolver habilidades para a vida prática e experimentar de forma genuína a bruxaria encarnada. As técnicas podem parecer simples, mas você verá que elas são surpreendentemente poderosas. Ao envolver seu corpo plenamente como uma ferramenta metafísica primária, você descobrirá que a magia flui de forma muito mais suave e eficaz.

Uma bruxa é mais do que partes e peças

O que faz de uma bruxa realmente uma bruxa? É a maneira como se veste, as palavras que diz, as ferramentas que usa, a beleza do seu altar ou o tamanho da sua biblioteca? Essas coisas podem sugerir uma vida de bruxa, mas não definem ou fazem a bruxa.

Além disso, ser uma bruxa não se determina por idade, formação, ou se a pessoa trabalha ou não com deuses, nem o que está ou deixa de estar dentro de suas calças. A bruxa tem muitas formas – todas as idades, gêneros, sexualidades e cores. A magia existe fora das barreiras de todos esses limites.

A anatomia da bruxa é muito mais esotérica e, ainda assim, muito mais penetrante e presente do que as associações materiais básicas. Como os muitos fios de uma tapeçaria, a medida e a forma da bruxa são encontradas mais sutilmente nas camadas de ser, fazer, sentir, construir e saber. Olhe com atenção e verá cores e fibras individuais intrincadamente entrelaçadas. Afaste-se um pouco e começará a notar a formação de motivos e padrões. Com mais alguns passos, a forma e a cor se misturam, dando lugar à profundidade, à perspectiva e a vislumbres de símbolos maiores que formam uma narrativa.

Para descobrir a anatomia de uma bruxa, é preciso ajustar sua visão para observar esses símbolos e os fios subjacentes que os compõem. Faz muito tempo que a humanidade usa os símbolos como forma de simplificar uma ideia complexa. Eles representam algo mais profundo do que implica seu desenho superficial, em geral apontando para um significado oculto ou uma história repleta de metáforas. Estas, por sua vez, são símbolos que formam imagens a partir de palavras e conceitos, originando mitos e folclore. Quando você examinar e reunir os fios que tem em mãos, começará a entender como a magia pode ser encarnada. Você vai tecer seus próprios mitos.

A forma quíntupla e o tarô

Há cinco partes principais que compõem a anatomia da bruxa: Pulmões, Coração, Serpente, Ossos e Mente. O número 5 carrega em si muito simbolismo mágico. O icônico pentagrama, com suas cinco pontas, não apenas simboliza proteção e poder, mas também representa os elementos ar, fogo, água e terra, combinados com o espírito. A figura da estrela de cinco pontas também é um ótimo retrato do corpo humano – com cabeça, braços e pernas. Nossas mãos, com seus cinco dígitos, são um dos símbolos quíntuplos mais antigos, passando de marca de identidade a meio de proteção, bênção e fertilidade, bem como de assistência e ajuda direcional. O número 5 sempre nos leva de volta ao nosso corpo.

O símbolo tem uma maneira incrível de revelar mistérios situados no cotidiano e no familiar. São detalhes e padrões que, se não fosse pelos símbolos, não veríamos ou passariam despercebidos. É nesse sentido que os sistemas de divinação, como o tarô, são particularmente úteis. A divinação não apenas nos ajuda a enxergar com mais clareza o nosso futuro, mas também nos dá uma visão do passado e até mesmo do presente. O tarô, em particular, explora a jornada da experiência humana, o que faz com que muitas pessoas se identifiquem com ele. As conexões quíntuplas também estão presentes no tarô, cuja estrutura se divide em cinco seções: os quatro naipes dos arcanos menores (paus, copas, espadas e ouros, cada um correlacionado a um elemento) e os arcanos maiores (que representam a jornada do eu ou do espírito). Nos arcanos menores, o número 5 representa ciclos que exigem uma primeira mudança para que uma transformação maior se inicie. O poder do ciclo, da mudança, e a oportunidade de crescimento são temas importantes para se ter em mente. Ao explorarmos o corpo mágico, o simbolismo do tarô irá nos acompanhar ao longo de nossa jornada rumo ao aprofundamento de nossa compreensão do caminho.

Considerações elementares

Em cada seção, usaremos os elementos ar, fogo, água, terra e espírito como guia. Cada sistema tem um elemento definido, mas isso não significa que ele esteja estritamente dentro do domínio desse elemento. Lembre-se: todos os elementos estão presentes em nosso corpo. Respiramos o ar; nosso sangue, carne e ossos são compostos de água e terra; e nossos processos metabólicos e impulsos nervosos estão sob o domínio do fogo. Considere os elementos como símbolos na legenda do mapa que ajudam a orientar sua descoberta do corpo mágico.

Não deixe que sua mente se atrapalhe com os elementos enquanto meio de identidade, portanto evite enxergá-los em termos muito rígidos. O que quero dizer com isso? Ao decidir quem invoca uma direção e um elemento em um círculo de grupo, você já ouviu ou foi a única a dizer: "Bem, como eu sou do signo *X*, então devo invocar o elemento *X*"? Bem, pode até haver afinidade com esse elemento, mas, no final, a pessoa pode trabalhar com qualquer elemento e ter sucesso, seja qual for seu signo. Em termos de astrologia, uma pessoa que tem Touro como signo solar não é simplesmente "um signo de terra". Há uma infinidade de outras alianças e correlações, por exemplo: talvez seu signo ascendente seja Leão (fogo) e sua Lua esteja em Gêmeos (ar). Esses fatores nos descrevem de muitas formas, mas não expressam a totalidade de quem somos ou do que somos capazes.

De uma perspectiva física, prefiro olhar para a progressão elementar em termos de ciência básica misturada com um pouco de mitologia mágica. Para que os outros elementos estejam ativos neste reino, o ar deve estar presente primeiro. O fogo requer a presença de oxigênio para queimar. A água é resultado da combinação de moléculas de hidrogênio e oxigênio, e seu estado depende da temperatura (vapor, líquido ou sólido). A terra não pode gerar vida sem a ajuda dos outros elementos. O espírito é a presença unificadora entre e por toda parte. Quanto ao espírito, se vem primeiro ou por último, a resposta é sim. O espírito é a essência da energia que compõe os elementos, mas a combinação de terra, ar, fogo e água leva a outro nível de consciência. Gosto de chamar isso de fator Voltron[2]. Cada um deles é completo, poderoso e distinto por si só, mas, quando se juntam em uma forma só, tornam-se uma entidade ou presença única e multinível.

Em sua palestra no Temple of Witchcraft, em Salem, New Hampshire, em 18 de novembro de 2019, Ivo Dominguez Jr. disse que "os elementos são uma escala ou interface para os princípios subjacentes do Universo. A magia eficaz usa símbolos, espaços reservados, estruturas, ligações ressonantes e a flexibilidade da psique humana para se envolver com poderes que são mais vastos do que a humanidade e com aqueles que estão escondidos dentro de nós". Concordo plenamente e sinto que a compreensão de como os elementos funcionam e nos influenciam em nível fundamental e natural é algo que aprimora a prática da bruxaria.

Cardinal – criação / manifestação
Fixo – equilíbrio / manutenção
Mutável – transformação / transição

2. *Voltron* é um programa de animação que foi veiculado por décadas e recebeu muitas adaptações. A história gira em torno de cinco naves espaciais em forma de leões robóticos (dotados de sutil consciência própria) que são pilotadas por cinco humanoides. Os leões podem se combinar para formar um robô mágico gigante, conhecido como Voltron, o lendário defensor do universo.

Cada elemento também tem funções ou facetas cardinais, fixas e mutáveis. Um elemento pode estar energeticamente em estado criativo ou de manifestação (cardinal), auxiliando na manutenção ou no equilíbrio (fixo), ou iniciando a transformação ou a transição para outra fase (mutável). Isso significa que cada elemento é fluido naquilo que pode fazer. Todo elemento pode gerar vida e pode nos conduzir ao próximo elemento. Por exemplo, o ar pode ser a primeira respiração que dá vida, ou a troca contínua de gases entre plantas e animais, mas também pode ser um tornado que destrói tudo em seu caminho. Cada elemento tem o que consideramos aspectos benéficos ou criativos, bem como efeitos adversos ou destrutivos, mas é apenas a nossa perspectiva que lhes dá uma interpretação "boa" ou "ruim". Estamos observando a essência da natureza, que não é positiva nem negativa em nenhum sentido moral ou ético, mas simplesmente é. Estar atento a essas energias variadas evitará que você tenha uma interpretação limitada de um elemento.

Realismo corporal

Este livro foi concebido para ser um guia sobre a anatomia de uma bruxa, bem como sobre o cuidado e a manutenção desse corpo em vários níveis. Podemos dizer que é um manual metafísico completo da proprietária, com direito a alguns diagramas inspiradores – porque, sim, temos imagens!

No entanto, quero deixar claro que não vou defender a crença hipócrita de que, pelo fato de o corpo ser sagrado, ele seria de alguma forma perfeito ou desprovido de problemas. A realidade é óbvia: o corpo é um lugar bagunçado. Sim, o corpo humano é de fato incrível, mas às vezes também é horrível e confuso. Há líquidos surpreendentes, cheiros estranhos, dores misteriosas e desequilíbrios químicos, e a idade traz todos os tipos de desafios novos e interessantes. O corpo apresenta disfunções, incha e solta gases, sofre cortes e contusões e tem pelos nos lugares mais estranhos. O corpo vem em todas as formas, cores, tamanhos, habilidades e até mesmo configurações. Ter senso de humor em relação a tudo isso e aceitar os estranhos encantos do corpo ajuda muito. Além de compreender as partes simbólicas da anatomia da bruxa, gostaria que você se sentisse o mais confortável possível no corpo físico que tem agora. Não importa se você se vê como desarrumada ou meticulosa, atraente ou mediana, agitada ou funcional; quero que você adote certo tipo de positividade corporal durante a leitura deste livro.

Em termos acadêmicos, a positividade corporal é o conceito segundo o qual os seres humanos deveriam aceitar todos os corpos, a despeito de forma, tamanho ou aparência, e desafiar as construções sociais que negam essa aceitação. Trata-se de um conceito maravilhoso, mas, para este livro, vamos dar uma pequena reviravolta na positividade corporal. Basicamente, tenho quase certeza de que, se você está lendo isso agora, você tem um corpo (caso contrário, parabéns por ter alcançado um novo estado quântico de ser!). Não importa a aparência ou a sensação do seu corpo, o fato de ele existir *com você dentro* é algo incrível. De dentro para fora – sangue, vísceras, secreções noturnas e tudo mais –, ele é seu por toda a jornada. Reconhecer a presença de seu corpo e seu potencial de poder físico e metafísico é o primeiro passo.

No nível físico, este livro pega o seu corpo e seus sistemas anatômicos – sim, alguns daqueles que você aprendeu na escola primária – e os entrelaça com os cinco sistemas simbólicos dos Pulmões, Coração, Serpente, Ossos e Mente da Bruxa. Tomando por base a forma e a função dos sistemas biológicos que já conhecemos, vamos mergulhar no lugar liminar que une a essência simbólica e mítica à aplicação física e prática. Ao passarmos pelos setores, considere o significado simbólico mais profundo subjacente àquela anatomia, e como essa perspectiva diferente pode aprimorar sua experiência com a bruxaria.

Embora nos concentremos em uma área diferente em cada capítulo, lembre-se de que está tudo interconectado. Todos os sistemas anatômicos estão interligados no nível celular. Sim, o coração é o centro do sistema circulatório, mas ele também desempenha um papel vital no sistema endócrino. Nossos ossos fornecem a moldura e a estrutura para o nosso corpo, mas também produzem as células sanguíneas que fluem pelas veias. Nosso corpo é uma comunidade cheia de diversos órgãos que trabalham juntos, sendo que cada parte é essencial para uma vida saudável (embora possamos passar sem alguns deles, se necessário). Embora haja sentido em examinar cada sistema de modo individual, não se esqueça de que, juntos, eles formam um corpo mágico completo.

Dê abertura ao simbolismo à medida que estuda cada sistema, não apenas no que é delineado para cada um, mas também em termos do que você pode descobrir sobre si mesma ao longo do caminho. Ademais, sempre há espaço para mais interpretações, já que você é uma pessoa única, que tem como influência suas próprias experiências passadas. Não posso enfatizar o bastante a importância de manter espaço para que haja fluidez de conceito à medida que se trabalha com cada ideia. Este livro é um mapa metafórico para o corpo mágico, o que não significa que não seja permitido fazer *off-road*, nem que não se possa desbravar caminhos, caso surja uma inspiração. Às vezes, também ocorre de a gente se deparar com um tráfego emocional inesperado e precisar dar uma pausa ou buscar uma rota alternativa. Não tenha pressa. Atente ao seguinte: um mapa lhe dá a visão do terreno, mas cabe a você decidir como e quando deseja percorrer o território. É bom que você tenha espírito aventureiro, e talvez seja boa ideia levar uns lanchinhos para a viagem.

Lembre-se também de que, enquanto estiver mergulhando fundo na metáfora e no simbolismo, seu corpo estará bem aqui com você – tátil e presente. Que melhor maneira de incorporar a magia do que senti-la de fato? Conectar-se e interagir com esses sistemas e órgãos em nível físico também nos permite participar da magia simpática. O microcosmo pode afetar o macrocosmo; a parte pode alterar o todo. O que fazemos fisicamente nos afeta emocionalmente e espiritualmente. Os aspectos místicos da bruxaria dependem do reconhecimento dessas conexões. O que descartamos como mundano ou comum é uma oportunidade perdida de influenciar a nós mesmas e o mundo ao nosso redor. Abra sua mente e seu corpo para o potencial dos efeitos reais.

Melhor que básico

Cada capítulo apresenta técnicas e práticas que lhe serão úteis ao longo do caminho. Desde criação de círculos até limpeza e proteção diárias, passando por sigilos, feitiços, encantamentos, meditações e muito mais. É tudo elaborado sob a perspectiva da bruxaria tradicional moderna. Essa abordagem implica usar o folclore, os mitos e as tradições consagradas do passado, mas contrabalançando com a inspiração e a praticidade modernas. A bruxaria é uma prática viva, que respira. A sabedoria é encontrada não apenas em aprender e honrar o que já foi feito antes, mas também em dar espaço para novos crescimentos e explorações. Para auxiliar o processo, temos os "bruxesco", instruções de rituais bruxescos cunhados para estimular sua criatividade.

Observe que, ainda que certas pessoas possam considerar básicas algumas das atividades incluídas, acredito firmemente que:

1. Princípios básicos são fundamentais para sua prática enquanto bruxa. Ter uma estrutura sólida é essencial para construir um caminho saudável.
2. Muitas vezes, há quem diga que já sabe fazer tal coisa (como traçar um círculo), mas raramente sabe o motivo de se fazer assim. Praticar bruxaria eficaz é saber como se faz determinada coisa e por que se faz. Se você realmente entender o motivo, será capaz de personalizar a ação e encontrar um significado mais profundo.
3. Observar como outras pessoas abordam as coisas pode confirmar e expandir muito a forma como você trabalha. Sempre há uma nova maneira de analisar um problema ou conceito comum. O fato de algo funcionar não significa que seja necessariamente a melhor solução para aquele problema específico.
4. Se você acha que sabe tudo, não aprendeu nada. Sempre há algo a aprender e, às vezes, as práticas que parecem ser as mais simples são tecnicamente as mais difíceis de dominar.

As atividades deste livro foram projetadas para serem acessíveis – não é preciso nenhuma ferramenta, suprimento ou erva difícil de conseguir. Ouça seu corpo e ajuste as atividades conforme necessário para se adequarem à sua capacidade e ao seu nível de conforto. À medida que você incorpora essas atividades à sua rotina, as áreas de foco individuais continuarão a se revelar, oferecendo uma compreensão cada vez mais profunda de seu corpo mágico. Não se esqueça de que a prática de uma bruxa é desenvolvida por meio do estabelecimento de familiaridade, da construção de padrões de trabalho e do acúmulo de experiência com o tempo.

Por fim, saiba que o volume em suas mãos não se destina a ser um livro de feitiços: é um mapa para a bruxa moderna viver e respirar magia. Até onde esse mapa vai levar, depende estritamente de você. Aproveite a jornada!

Entra o Louco: começar de novo

É oferecida uma chance

Enquanto bruxas, entramos neste mundo duas vezes. A primeira é quando passamos a habitar nosso corpo físico. Nesse momento, passamos de uma existência não corpórea para uma existência encarnada, amplamente vinculada às leis desta realidade. Frutos dessa fusão de espírito e carne, descobrimos que o mundo é um lugar de infinitas possibilidades. É possível tocar, saborear, cheirar, ouvir, ver e explorar. Nosso potencial parece ilimitado – se conseguirmos romper as amarras das expectativas e restrições culturalmente aplicadas em relação a classe, gênero, sexualidade, raça, capacidade, idade e religião.

Mas, antes de começarmos a enfrentar esses desafios, somos o Louco no tarô, com nosso próximo passo nos levando de um precipício para uma nova existência regida pela matéria. Não acho que entramos neste mundo às cegas ou sem pensar, como se estivéssemos literalmente caindo de um penhasco por acidente. Pelo contrário, acredito que nos aproximamos do trampolim, ficamos na ponta dos pés, olhamos para a superfície deslumbrante abaixo, respiramos, pulamos e mergulhamos nesta realidade.

Tampouco viemos despreparadas ou sozinhas. O Louco pode viajar com pouca bagagem, mas nela estão as ferramentas necessárias para a jornada que ele tem pela frente. Quem sabe nesse pacote esteja a sabedoria de vidas passadas para servir de bússola, junto com um mapa para o futuro. Estamos acompanhados pelo universo acima de nós e por muitos companheiros ao longo da jornada. O número do Louco é 0 (zero), que não só representa um novo começo numericamente, mas também tem a forma de um ovo. O ovo simboliza a esperança, o potencial e o ciclo contínuo da vida. Quando quebramos essa casca, uma nova vida recomeça.

O segundo limiar é ultrapassado quando nós nos reconhecemos enquanto bruxas. Algumas pessoas discutem se é possível nascer bruxa ou se precisam ser transformadas em bruxas por meio de algum tipo de iniciação. A resposta é sim: é possível ter as tendências e aptidões ou receber um título. Mas o momento crucial é quando a pessoa se reconhece bruxa. Mais uma vez, somos o Louco que se põe no caminho para descobrir exatamente o que isso significa para nós. O mundo assume uma nova perspectiva à medida que revisitamos nossos sentidos, experiências e abraçamos nossa capacidade de criar magia, de ser a mudança e de incorporá-la.

A despeito de você atualmente acreditar que qualquer uma das opções envolve uma escolha, considere isto: o que fazemos a cada momento é uma série de escolhas entrelaçadas. Cada fio selecionado acrescenta outro detalhe ao padrão da vida. Ao iniciar a tapeçaria, você se torna um motivo vital dentro dela, bem como uma Tecelã ativa.

Acredito que ambos os limiares são cruzados por opção. Temos a escolha de entrar neste mundo e a escolha de seguir o caminho da bruxa. Talvez você goste "dessas coisas estranhas", ou quem sabe apenas as considere interessantes, sem querer assumir qualquer papel mais ativo além de ocasionalmente se envolver com feitiços ou cartas. Essas coisas não fazem de ninguém uma bruxa de fato. Mas quando a pessoa realmente segue esse caminho, sua maneira de ver o mundo muda. Ela começa a notar o que os outros não percebem; ela começa a ver o invisível. O estranho se torna familiar, e o que antes era familiar se torna motivo para novas explorações. Mais importante ainda: a maneira como a pessoa *se* vê muda.

Você escolheu. Agora é hora de subir a escada. Sinta o vento em sua pele e o sol em suas costas enquanto observa o mundo. Respire fundo e mergulhe de cabeça. Comece do zero.

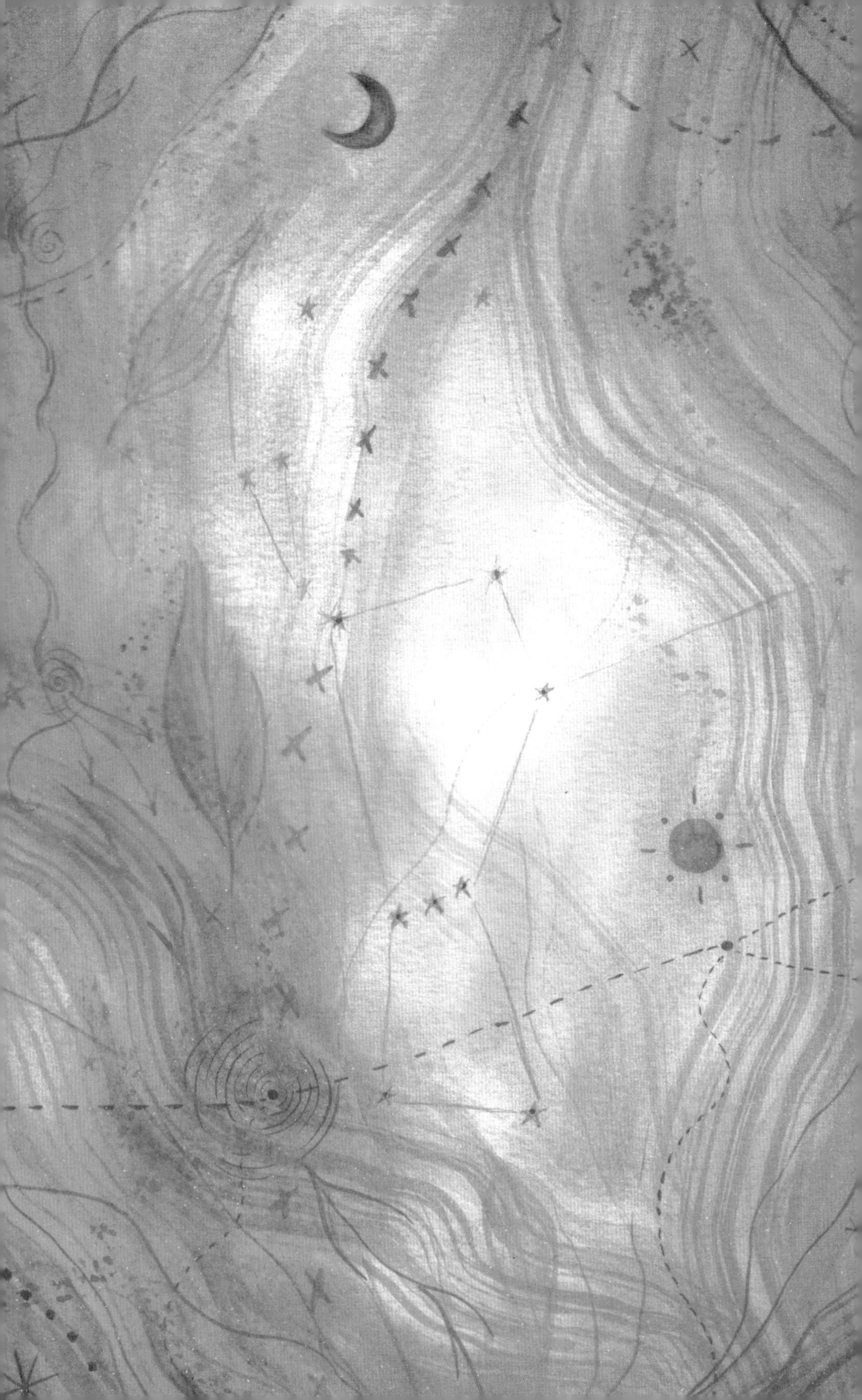

Capítulo 1

Os Pulmões da Bruxa

Inale o odor da folha, da parreira, da raiz e do broto
Desperte dentro do divino o espírito.
Cada respiração traz para dentro o exterior,
Cada expiração fala de quem temos sido.
Palavra-feitiço dita, círculos infinitos lançados,
Fios liminares do futuro ao passado.

Inspire e expire. A cada respiração, você traz o mundo exterior para dentro de si. A cada expiração, você compartilha suas moléculas com o mundo. Nossa respiração se mistura com a de outras pessoas, alimentando outras formas de vida, assim como a expiração delas possibilita nossa vida.

Os Pulmões da Bruxa contêm a sabedoria de compreender o que é permeável e compartilhável e o que deve ser contido e protegido. O espaço que os pulmões abrangem é a porta de entrada para mundos invisíveis e o passaporte para o eu divino.

Uma bruxa sabe que não está apenas conectada ao mundo que a cerca, mas que também faz parte dele – tanto do que é visto quanto do que não é visto. Estamos imersas em conexões e interações invisíveis entre nós, os espíritos, as divindades e o universo. A bruxa exala soberania e sabe onde termina um fio e onde começa o próximo.

O Mago

Equipado e presente no altar

O estudo das cartas dos arcanos maiores em ordem numérica sequencial, começando com o Louco no 0, descreve a jornada do espírito encarnado pela vida. Passando para o 1 com o Mago, descobrimos que o espírito do Louco saltou para o mundo físico e se encontra agora firmemente instalado em um corpo. Uma ligeira olhada na posição e na postura do Mago confirma o fato. O Mago está voltado para a frente, o que simboliza estar sintonizado com o presente. Um braço aponta para cima e o outro gesticula para baixo, conectando os planos etéreos e físicos.

O Mago está atrás de um altar, um local de ação sagrada e conexão, e pronto para começar. As ferramentas que o Louco carregava estão agora expostas nesse altar, com seu potencial esperando para ser explorado. A partir daí, começa o processo de aprender a entender as regras e as razões dessa nova existência. A construção da familiaridade com essas ferramentas e lições traz a essência da individualidade e as oportunidades de criar e manifestar.

Como o Mago, nós também chegamos ao altar. Descobriremos o poder de nossa maior conexão com o mundo e com nossa individualidade. O invisível se tornará tangível e aprenderemos a ser donos de nosso espaço. A criatividade, a manifestação e as possibilidades estão na ponta de nossos dedos.

Tomar a iniciativa cabe a nós. Começa com uma simples respiração que, por sua vez, alimenta uma floresta.

O que são Pulmões da Bruxa?

No nascimento, o primeiro suspiro de ar marca oficialmente nossa chegada a este mundo. Essa respiração extraordinária costuma ser acompanhada de um choro, anunciando nossa presença de forma audível. A partir desse momento, nossos pulmões se tornam um local de troca entre nosso corpo e o mundo exterior.

Nossos pulmões são responsáveis por trazer ar fresco para o nosso corpo, filtrando esse ar para a corrente sanguínea e liberando gases residuais. Eles nos permitem falar, cheirar e regular nossos sistemas. Os pulmões também são um dos órgãos internos mais fáceis de serem percebidos se concentrarmos nossa atenção no sistema respiratório. Podemos sentir o ar entrar em nosso corpo pelas passagens nasais e descer até o peito. Há evidência visual de que o tórax se expande à medida que os pulmões absorvem o ar e relaxa ao expirar.

Reconhecer o que nossos pulmões físicos fazem por nós, constrói a base para a compreensão dos pulmões mágicos. Mas devemos ir além da tarefa de filtrar o oxigênio e considerar o ar, a respiração, o espaço, o espírito e a existência em um sentido mágico.

Os Pulmões da Bruxa nos ensinam o seguinte:

- Tudo e todos estão interconectados em algum nível. Estamos constantemente mudando e trocando conexões – partículas, ideias, energia, essência.
- Invisível não equivale a desconhecido. O fato de algo parecer invisível não significa que não exista ou que não possa nos afetar, influenciar ou interagir conosco. A percepção é possível. Aceite as coisas pequenas e invisíveis que são extremamente vitais e cruciais para viver de modo pleno.
- Há espaços internos e externos, pessoais e públicos, protegidos e permeáveis.
- Temos de ser donas de nossa respiração, reconhecendo nossa própria soberania e poder. Há um equilíbrio entre o que tiramos do mundo e o que colocamos nele.

A sabedoria em cada uma dessas revelações torna-se uma chave para abrir mais portas dentro do corpo mágico da bruxa. Pegue um chaveiro adequado (talvez com um belo amuleto de bruxa) e vamos começar a coletar essas chaves.

O invisível influente

A vida começa com a respiração. Vemos a respiração como a presença da vida: tomamos nosso primeiro fôlego quando saímos do útero e damos nosso último fôlego quando fazemos a passagem para a morte. A respiração nos lembra que há forças invisíveis em ação que funcionam fora da necessidade de crença ou compreensão absoluta.

Não é possível ver o ar em si, mas podemos perceber seus efeitos ao nosso redor. Olhe para o céu em qualquer dia e verá nuvens em movimento, movendo-se pelo céu e mudando de forma conforme os caprichos do vento. Olhe para fora de casa e é provável que veja a grama ondulando e as folhas das árvores se agitando com a brisa. Caminhe pela cidade em um dia frio e poderá vislumbrar vapores subindo das aberturas que levam a um estrondoso sistema subterrâneo. Apesar da natureza invisível do ar, sabemos que ele existe, que faz parte de como vivemos e que afeta o mundo ao nosso redor. O invisível pode ser visto em ação ao mover o visível.

Assim como o ar, a magia costuma ser uma força invisível, mas as bruxas e outros praticantes de magia sabem que ela tem efeitos muito reais no mundo físico e tangível. A magia acontece no espaço liminar entre os fios que nos unem. No entanto, muitas vezes temos dificuldade em acreditar na magia e na nossa capacidade de afetar o mundo que nos cerca. Temos propensão a invalidar as coisas, chamando-as de coincidência, ou a nos preocuparmos com que as pessoas nos considerem loucas por sugerirmos que existe algo como a magia. Não percebemos que essas limitações nos são impostas pela sociedade, não pelo próprio universo.

Nós nascemos acreditando em magia. Não porque alguém nos disse para acreditar, mas porque conseguimos ver o mundo claramente com nossos olhos. Os adultos costumam fazer pouco caso dos "amigos invisíveis" das crianças, mas há muitas histórias de família sobre crianças que trocam mensagens e conversam com entes queridos falecidos, mesmo sem nunca terem conhecido a pessoa em vida.

Pense em coisas que você viu ou fez na infância e que foram consideradas brincadeira ou imaginação criativa. Talvez você tenha sido como eu, que conversava com as plantas, as árvores e os animais do quintal ou do quarteirão. Você tinha uma noção de cada fenda e recanto, talvez soubesse coisas que ninguém mais sabia sobre sua casa ou bairro. Alguns lugares pareciam especiais e maravilhosos, e havia outros dos quais mantinha distância. Você conseguia ouvir o rio falar pela manhã e o oceano cantar à noite. Detalhes que os outros não percebiam chamavam logo sua atenção. Ao ganhar idade, talvez você tenha sido alvo de piadas ou desestimulada a falar sobre essas experiências. Elas "não eram normais" ou eram coisas "loucas" – como se a conexão com a natureza ou a comunhão com o ambiente fossem algo anormal ou insano (muito pelo contrário!). Mas seja qual for o motivo, é possível que você tenha parado de ver, falar ou reconhecer essa parte de si mesma. Você foi desconectada.

Enquanto adultos praticantes de magia, passamos muito tempo derrubando os muros que permitimos que a sociedade construísse em torno de nossa mente. Ansiamos pela reconexão com esses mistérios e por trazer de volta o encanto na forma como enxergamos o mundo. Buscamos ativamente reengajar e fortalecer a visão espiritual que tínhamos na infância.

Ainda que parte do que vivenciamos na infância se enquadre no campo da fantasia e do lúdico, isso tampouco é uma coisa necessariamente ruim. Ser capaz de brincar, explorar ideias e exercer sua criatividade são habilidades importantes para a vida que, com frequência, são subestimadas na sociedade moderna. Temos o potencial de criar outras realidades, seja compondo uma música, fazendo uma pintura, projetando espaços acessíveis a mais pessoas ou encontrando novas maneiras de analisar dados a fim de descobrir curas para doenças. Para criar, precisamos estar abertas para imaginar o que é possível, mesmo que os outros considerem impossível. Na verdade, isso é ainda mais um motivo para tentar – para superar o que percebemos como bloqueios e limitações.

A magia começa com o pensamento, e usar sua imaginação é absolutamente uma porta de entrada para a magia. Conseguir imaginar, de alguma forma, o que você deseja realizar é o cerne da manifestação. Se uma música pode fazer seu corpo se mexer, se uma pintura pode levá-la às lágrimas, se um desenho inteligente pode melhorar sua qualidade de vida e se uma pesquisa pode salvar vidas, então é evidente que o pensamento tem um impacto sobre nós. O que começou como uma essência invisível em sua mente pode influenciar e mudar o mundo de maneiras muito reais e tangíveis. Esse conhecimento é o primeiro mistério revelado pelos Pulmões da Bruxa.

✶ Respirar melhor ✶

Agora que você começou a ter uma noção do que são seus pulmões metafísicos, vamos dar uma parada para verificar os pulmões físicos. Isso ajudará nas próximas partes, à medida que formos aprendendo mais sobre os pulmões mágicos e explorarmos as práticas que usamos para engajá-los no processo.

Sem mexer o corpo ou mudar de posição, inspire lentamente pelo nariz e preste atenção na sensação do ar entrando na cavidade nasal e passando pelo fundo da garganta, descendo até o peito, expandindo os pulmões; depois, solte-o suavemente e sinta-o sair. Repita isso mais duas vezes, acompanhando o caminho do ar para dentro e para fora, para dentro e para fora.

Em seguida, ajuste a postura de modo que esteja sentada (ou em pé), ereta, levantando ligeiramente o esterno (osso plano localizado na face anterior do tórax) e permitindo que os ombros rolem para trás (se estiverem curvados para frente). Inspire profundamente de novo e sinta como o ar entra em seu peito de modo mais profundo. É provável que você nem tenha se dado conta do quanto sua respiração foi afetada pela postura relaxada.

Outra técnica que pode ser usada é colocar as mãos levemente cruzadas sobre a área do coração, mas sem tocá-lo diretamente. Ao inspirar, concentre-se no esterno. À medida que o peito se eleva, separe delicadamente as mãos enquanto levanta o queixo. Ao expirar, pode relaxar o corpo, mas mantenha o queixo erguido e as mãos à sua frente. Você ainda estará de forma adequadamente ereta para uma boa posição de respiração. Também pode usar a visualização do sol brotando do seu peito ao inspirar e do sol se pondo ao expirar.

A maioria de nós recebe tão-somente uma quantidade mínima de ar, devido à nossa postura cotidiana. Não importa se você trabalha sentada em frente ao computador ou se passa o dia de pé, verifique sua postura regularmente. Programar um alarme como lembrete pode ajudar a ficar mais consciente de sua postura e respiração. Quando a gente pega o jeito, se sente mais desperta, consciente e preparada – simplesmente por estar respirando de modo mais eficiente!

Interconectividade e o espírito de tudo

Se você pudesse ver o interior de seus pulmões, veria uma estrutura semelhante aos galhos de uma árvore. Essa semelhança fica ainda mais interessante quando pensamos que são as árvores que criam o ar que respiramos. As árvores são realmente os pulmões da Terra, e a estrutura de nosso próprio corpo reflete isso. Para lembrar que estamos intimamente conectadas ao mundo, basta respirar.

A cada inspiração, trazemos o mundo externo para dentro de nós. A cada expiração, largamos no mundo uma parte de nós. Tudo ao nosso redor participa à sua maneira dessa troca – e não somente as plantas e os animais. Pense no ar salgado de um oceano ou no petricor, que é o cheiro da terra após uma chuva. Um vulcão recém-formado entrando em erupção e fungos se alimentando do solo da floresta em decomposição, ambos contribuindo para a atmosfera. Estamos todas e todos compartilhando moléculas.

Abraçar a interconectividade é vital, pois precisamos nos preocupar uns com os outros e com o ambiente em que vivemos. Estamos em um relacionamento com o universo – e todo relacionamento importante deve ser baseado no respeito. Se, enquanto sociedade, fôssemos bem mais conscientes do padrão no qual estamos inseridos, a cultura dominante estaria mais firmemente enraizada na compaixão, na compreensão e na comunicação. A mensagem seria de respeito mútuo e reconhecimento de nossos recursos, inclusive dos componentes integrais da vida, desde os mais minúsculos organismos até o próprio planeta.

Enquanto bruxas, não basta apenas reconhecer os seres vivos com os quais podemos nos identificar facilmente como humanos; é preciso expandir nossa compreensão para além disso também. Quando começamos a reconhecer essas conexões, percebemos que o mundo vai além do que pensamos. Começamos a perceber e a interagir com reinos e espíritos liminares.

Desde que me entendo por gente, converso com tudo: árvores, insetos, portas, pássaros, casacos, o oceano, eletrônicos, meus pincéis, meu quarto – basicamente tudo, animado e inanimado, com que entro em contato. Acho que desde o início tive um senso inato de que somos todos feitos das mesmas partículas e de que, se eu tinha consciência, tudo e todos mais também deveriam ter. Ao longo de minha jornada de bruxa, esse conceito foi sendo cada vez mais embasado e aprofundado pelas experiências que tive em meu caminho. Eu não sabia que havia um nome para esse conceito até minha adolescência, quando comecei a explorar outros caminhos espirituais. Derivado da palavra latina *anima*, que significa "respiração, espírito, vida", o animismo gira em torno da ideia de que tudo, seja um objeto, um lugar, uma planta ou um animal, tem uma essência espiritual distinta ou uma centelha consciente. O animismo oferece mais senso de identidade e presença a tudo que nos cerca, visível e invisível, natural e criado pelo homem. As linhas entre os mundos físico e espiritual tornam-se tênues, se não completamente inexistentes. As distinções de vida e organismo, vistas como pertencentes apenas aos seres humanos, se expandem para incluir animais, plantas e lugares, bem como entidades imateriais. É com grande entusiasmo que vejo os conceitos animistas sendo, hoje em dia, introduzidos na cultura mais ampla como um meio gentil de orientação, aprimoramento e consciência para o bem-estar emocional, mental, físico e espiritual. Quer isso apareça em um desenho animado ou em um programa sobre organização, penso que seja um sinal maravilhoso.

Também vale a pena mencionar dois outros conceitos semelhantes: o hilozoísmo e o pampsiquismo. O hilozoísmo é uma teoria filosófica que afirma que toda a matéria está, de certa forma, viva, mas não necessariamente lhe atribui consciência. Uma maneira de colocar essa ideia em contexto é que nossas células estão vivas e são igualmente compostas de organelas menores – todas elas compostas de átomos também vivos. Todavia, o fato de esses átomos e células estarem vivos não implica que também tenham consciência. O pampsiquismo, por outro lado, sugere que tudo o que é físico contém uma consciência individual que contribui coletivamente para a realidade. O pampsiquismo tende a delinear o nível ou o estado da consciência ativa dependendo da forma física. Por exemplo, as rochas estão "dormindo", os lobos estão "sonhando" e os humanos estão "acordando", enquanto o próprio divino está totalmente acordado.

As distinções feitas pelo hilozoísmo e pelo pampsiquismo são designadas em uma hierarquia que alça os seres humanos acima de tudo (exceto Deus). No entanto, os aspectos que podemos extrair de seus conceitos básicos – ou seja, que a matéria é energia viva e que tudo tem uma essência – são muito importantes para a magia e a bruxaria. O animismo, como conceito, dá à centelha divina, a despeito da forma em que ela se apresente, mais poder de ação, mais igualdade consciente ou equidade em todos os aspectos.

As pessoas tendem a se restringir inconscientemente aos espíritos das coisas com as quais podem se comunicar. No entanto, mesmo que sintamos que não conseguimos nos comunicar com algo, isso não quer dizer que esse algo não tenha essência ou espírito. A questão tem mais a ver com nossas capacidades e nossos limites de compreensão do que com qualquer outra coisa. Há outras formas de ser e de existir fora da experiência humana. A natureza não tem um motivo; ela simplesmente é. Gostamos de aplicar o raciocínio humano para explicar por que os outros seres fazem o que fazem – seja uma árvore, um lobo, um vírus, uma abelha, um peixe ou uma vaca. É possível associar padrões climáticos, como furacões, tornados e secas, a um incentivo (ou impedimento) moral, mas isso se resume a culpa *versus* bênção. As atividades humanas, sem dúvida, causam impacto no planeta, algo de que devemos ter consciência, mas tudo além disso é questão de causa e efeito dentro do padrão da vida.

Nós e tudo ao nosso redor somos feitos de material estelar. Reconhecemos que diferentes combinações de átomos e estados da matéria parecem marcar onde nós terminamos e onde começa o livro, o gato ou a mesa. O ponto em que o animismo pode se tornar incompreensível é quando consideramos se tudo é um espírito individual ou se fazemos parte de uma consciência coletiva. Temos identidade fora dessa essência? Se considerarmos que a montanha tem um espírito, então o mesmo acontece com a pedra que cai dela, com a rocha que se desprendeu dela e com o cascalho e a areia que se desgastaram. Acho muito interessante pensar em como o animismo pode começar a mudar a maneira como vemos o espírito presente no mundo.

Portanto, vá e converse com as coisas, avalie a medida e o significado delas em sua vida. Conecte-se de forma mais profunda e consciente com o espaço ao seu redor e com o que nele existe. Considere os espaços intermediários e os espíritos dos lugares e das coisas – como faz a sábia bruxa.

SUGESTÃO PARA O DIÁRIO
Conectando com o espírito

- ***Artefato:*** existe algum objeto que seja muito especial para você? Se lhe for acessível, reserve alguns momentos para olhar esse objeto fisicamente, senti-lo e pensar no significado dele, de onde veio, como foi feito e quem deve ter participado de sua criação. Como e quando o objeto chegou a você? Quais desses fatores físicos do objeto influenciam de maneira especial o que você sente ou pensa sobre ele? O objeto parece ter energia própria?

- ***Lugar:*** existe um lugar favorito onde você goste de se sentar (dentro ou fora de casa)? O que atrai você até lá? Se você pudesse atribuir uma personalidade a esse local, qual seria? Que elementos ou características a levam a essa associação? Alguma vez você já não se sentiu assim e por que acha que isso ocorre?
- ***Uma planta:*** há alguma árvore que você costume ver e que sempre chame sua atenção? Talvez ela esteja perto de onde você mora, ou você a veja quando viaja. Na próxima vez que a vir, perceba qual é a sua reação emocional à árvore. Que informações básicas você obtém só de olhar para ela? Observe como são seus galhos e folhas, a maneira como seu tronco é formado, o que está próximo etc. O que você acha que a árvore viu em seu tempo de vida? A árvore faz você lembrar de alguém ou de algo? Há algo que você possa fazer pela árvore?

Exercício das Três Respirações

A respiração pode ser uma poderosa ferramenta para concentrar a mente e o corpo. Um pouco antes de dançar, liderar um ritual, ministrar um *workshop* ou fazer qualquer outra atividade que exija muita concentração, faço três respirações lentas e profundas. Quando possível, faço esse exercício usando todo o meu corpo para conduzir o ar para dentro e para fora, o que significa que meus braços e pernas participam do processo.

1. Comece ficando de pé com as pernas um pouco mais afastadas do que a largura dos ombros, com um pouco de flexão nos joelhos e com os braços cruzados confortavelmente na frente do diafragma.
2. Enquanto inspira profundamente, abaixe de leve o centro de gravidade, dobrando os joelhos e, ao mesmo tempo, descruzando e estendendo os braços para fora, em posição de boas-vindas.

3. Mantenha a respiração por três segundos e, em seguida, solte-a devagar, trazendo os braços de volta para o centro enquanto estica de leve as pernas.
4. Repita todo o movimento de novo, dessa vez prendendo a respiração por seis segundos e depois soltando.
5. Por fim, siga o processo mais uma vez, segurando por nove segundos e depois soltando a respiração.

A ideia é que você se sinta mais calma, controlada e pronta para realizar a tarefa em questão. Embora o uso do corpo inteiro tenda a dar os melhores resultados, é possível modificar esse exercício para atender às suas necessidades, inclusive ficando completamente imóvel, sentada ou até mesmo deitada, se for preciso. O Exercício das Três Respirações também é uma técnica útil para relaxar a mente antes de se recolher para dormir.

Soberania da bruxa

Uma das coisas mais desafiadoras e poderosas que podemos fazer enquanto bruxas é reivindicar nosso espaço, começando por nosso corpo. Toda bruxa tem um forte senso de si mesma, é independente e plenamente consciente de seu poder e arbítrio. A bruxa reivindica o direito à governança pessoal e, ao mesmo tempo, reconhece sua responsabilidade.

A compreensão de estar interconectada e fazer parte da natureza – e não separada dela – não diminui seu senso de identidade. O conceito de soberania se concentra no poder de um corpo ou ser de governar a si mesmo, sem interferência de fontes externas ou de outros seres. Embora haja, é claro, influências externas – como é a natureza de fazer parte do padrão universal –, a soberania tem a ver com reconhecimento e com honra do senso de identidade, seja qual for. Bruxaria não tem nada a ver com ter poder ou autoridade sobre os outros, mas sim sobre você mesma.

Na bruxaria tradicional moderna, há três chaves principais que remetem ao conceito de soberania:

- Buscar autoconhecimento
- Manter o equilíbrio
- Aceitar responsabilidades

"Conhece-te a ti mesmo" parece fácil, mas não é. Esse conceito tem a ver com estar ciente não apenas de todos os seus pontos fortes e boas características, mas também de suas falhas e fraquezas – não com o objetivo de inflar seu ego ou de se analisar, mas de ter um mapa realista de quem se é. Se você se concentrar apenas no que é bom ou ruim, perderá oportunidades de encarar desafios e ganhar sabedoria.

Em termos de soberania, "manter o equilíbrio" se aplica a você estar consciente do que dá e do que recebe em termos de energia. Essa chave a faz lembrar não só de cuidar de si mesma, mas também de cuidar dos demais. Em termos de Pulmões da Bruxa, deve ser encontrado um ritmo de respiração que funcione para você, que não a sobrecarregue nem desgaste.

Quanto a "aceitar responsabilidades", acho que Heron Michelle resumiu isso muito bem em seu blog *Patheos – Witch on Fire*: "Nós assumimos a responsabilidade pelo mundo que criamos. [...] Também afirmamos nossa interdependência dentro da teia da existência [...] a matriz que nos entrelaça, a base do ser. [...] Sim, ser soberana significa *estar no comando de si mesma*. Ter autoridade sobre sua própria vida, mente, coração, vontade, corpo e espírito"[3].

Além disso, se você optar por ignorar seus sinais de alerta ou por viver em desequilíbrio, isso também é sua responsabilidade. Não se trata de colocar a culpa em outra pessoa nem em você mesma, mas ganhar sabedoria em relação às formas de probabilidade, padrão e consequência. Tendo a experiência como guia, pode-se aprender a agir melhor no futuro.

---

3. MICHELLE, Heron. *The Paradox of Personal Sovereignty in Modern Witchcraft*. Witch on Fire (blog). Patheos, March 19, 2018. https://www.patheos.com/blogs/witchonfire/2018/03/paradox-personal-sovereignty/.

Qual é a sensação de soberania em ser uma bruxa? Soberania é uma sensação de plenitude, de estar centrada em seu corpo, com um poder que também flui ao seu redor, como uma fonte. Existe um senso quase subconsciente ou subliminar de sua própria presença divina e conexão com o mundo. Pode parecer egocentrismo, mas, vale repetir, soberania não se fundamenta no poder sobre outras coisas ou pessoas; é a autoridade sobre si mesma. Quando se atinge esse estado, fica bem parecido com respirar.

A respiração é algo em que normalmente não pensamos – é um processo involuntário. Não costumamos prestar atenção em nossa respiração, mas isso muda drasticamente quando nos vemos sem fôlego ao fazer uma corrida, lidar com grandes altitudes ou lutar contra um ataque de asma ou alergia. Da mesma forma, tendemos a não pensar em nossos limites ou autoridade até que eles estejam sendo violados por alguém ou alguma coisa.

Essa natureza muitas vezes involuntária não significa que você não possa aprender a se sentir soberana. Na verdade, basta um pouco de prática e de familiarização do corpo com a sensação de se reconhecer como soberana. Por exemplo, quando ensino movimentos e danças rituais, sempre começo com a postura, abordando como o corpo se sente dos pés à cabeça, em vez de focar na imagem no espelho (consulte o exercício Alinhando os Corpos, no capítulo 4). A postura pode parecer incomum no início, mas, à medida que começa a trabalhar com ela, o corpo se ajusta e ela passa a se tornar natural no dia a dia. Assim como o invisível pode afetar o visível, o físico sem dúvida também pode impactar sua consciência emocional e mental. A construção de uma prática que a ajude a se familiarizar com a sensação de soberania começa pela conexão do corpo físico com o mental, o emocional e o espiritual.

* Um feitiço para invocar o Eu soberano *

Esse feitiço não requer suprimentos ou ferramentas externas, mas dá para incrementá-lo acendendo uma vela branca antes de começar. Outra ideia é executá-lo de frente para um espelho, caso queira ampliar seu efeito. Recomendo fazer esse trabalho pela manhã, preparando-se para o dia, ou então à noite, antes de ir para a cama.

Inspire profundamente, concentrando-se no ar que adentra seu peito, e visualize uma luz vibrante ou partículas de energia preenchendo-a. Em seguida, expire devagar, visualizando, mais uma vez, como seria esse ar se fosse possível vê-lo sair de seu corpo e se juntar ao mundo. Repita isso mais duas vezes e, a cada respiração, visualize essa energia indo além dos pulmões para o resto do corpo.

Diga:

Minha respiração é meu ser, meu ser é minha respiração.
Meu corpo e espírito são meus, mesmo após a morte. Sendo Bruxa encarnada, meu poder é meu
Sei que isso é verdade em meu sangue, respiração e ossos.

Respirar gera voz

Sua capacidade de falar está enraizada nas funções do sistema respiratório. Esteja você cantando, gritando, sussurrando ou falando, tudo isso é alimentado pela manipulação da respiração. Com intenção e foco, a voz pode ser usada para acalmar, curar, alertar, incitar, inspirar, comandar ou encantar. A voz é um dos seus meios de comunicação mais poderosos, seja na sua fala ou na sua escrita.

A voz é um canal para a magia, e muito potencial se abre quando reconhecemos esse fato. Pense nisto: as palavras que você diz são ouvidas por outra pessoa, e essa ideia é transferida da sua mente para a dela. Você pode fazer com que alguém imagine alguma coisa, que entenda uma situação ou sinta algo, só com a fala e o canto. Por meio do poder do ar e da respiração, o invisível é transmitido e toma forma.

Pode ser muito fácil ignorar o poder que sua voz tem, considerar suas próprias palavras como algo que você já tem garantido. Você talvez seja muito solta com as palavras, tirando-lhes o significado. Talvez você deixe que os outros falem por você, apagando sua presença quando deveria marcá-la. Há um equilíbrio entre saber quando falar e quando ficar em silêncio. Porém, infelizmente, nós só descobrimos que passamos da linha quando já passamos. Aposto que você consegue se lembrar, sem dificuldade, de alguma ocasião em que falou demais ou deixou de se manifestar quando deveria. Ninguém ganha nada se culpando por erros do passado. Em vez disso, tente usar essa experiência para fazer melhor.

Por isso, procure ser mais consciente de suas palavras ao decidir falar. Assim, não desperdiçará seu fôlego com palavras desnecessárias. Também poderá usar sua voz com sabedoria para causar um impacto maior quando chegar a hora de ser ouvida.

SUGESTÃO PARA O DIÁRIO
O poder das palavras

As palavras têm poder, sobretudo por meio de nossas associações com elas. Que palavra ou frase você acha que é

- a mais bonita?
- energizante ou estimulante?
- causadora de ansiedade ou medo?
- a mais calma ou relaxante?
- a mais poderosa ou forte?

O que faz você se sentir assim em relação a cada palavra ou frase? Existe alguma experiência ligada a essa palavra? Existe alguma palavra ou frase que pareça especialmente mágica para você? Por quê?

O Sigilo da Palavra Sábia

Na sociedade atual, as pessoas tendem a se apressar. Elas não reservam tempo para compreender bem o que está sendo apresentado, ao mesmo tempo em que sentem que precisam responder depressa. Respostas mal preparadas costumam criar um ciclo de *feedback* cacofônico, aumentando os níveis de estresse e causando mais conflitos. Esse sigilo ajuda a reduzir a falta de comunicação e, ao mesmo tempo, promove o pensamento crítico, a compreensão e a escuta ativa. Um pouco de magia para nos ajudar com a comunicação pode ajudar muito.

O Sigilo da Palavra Sábia incorpora as seguintes características:

- Concentra a atenção no cerne da questão e na intenção da mensagem/palavra.
- Incrementa a capacidade de entender o que está sendo comunicado.
- Incentiva padrões de pensamento novos e criativos para melhorar a compreensão.
- Promove a audição e o aprendizado equilibrados, silenciando o ruído.
- Interrompe os ciclos de *feedback* de natureza negativa e facilita a interação positiva.
- Evita respostas precipitadas, desinformadas, desrespeitosas e irrelevantes.
- Instiga a contemplação e o pensamento mais profundo.

É indicado colocar esse sigilo em centros de comunicação, como computadores, telefones ou locais de reunião. Pode ser usado para meditação ou esculpido em uma vela, que pode ser acesa durante as discussões. Também serve para recitar ou fazer discursos, redigir uma mensagem, escrever prosa e poemas ou fazer uma ligação telefônica importante.

Sigilo da Palavra Sábia

Criando e sendo um espaço mágico

Há dois tipos de espaços mágicos a serem abordados nesta parte: nosso corpo e o espaço de trabalho em que atuam, em geral conhecido como círculo mágico ou esfera sagrada. Assim como os Pulmões da Bruxa ocupam o espaço interno e externo (o que respiramos/adquirimos e o que respiramos/expulsamos), essa é uma ótima maneira de se conectar com eles.

Se as bruxas veem o mundo como sendo sagrado, então por que precisamos criar um espaço mágico especificamente definido? É fácil prender-se a semânticas, regras e tradições, mas há ótimas razões para criarmos um espaço especial para trabalhar, tema que vamos explorar a seguir.

Primeiro, é importante entender que muitos de nós vivemos em uma cultura que há bastante tempo se baseia nas categorias binárias opostas de sagrado *versus* profano ou, em menor grau, na separação entre o sagrado e o secular. Por causa dessa delimitação imposta, tendemos a designar o espaço automaticamente nesses termos. Como fomos ensinados a pensar dessa forma, essa separação afeta naturalmente nossa visão dos espaços mágicos. Mas quando começamos a considerar as histórias que impuseram essa divisão, a toxicidade se revela. As doutrinas que afirmam que "Deus só está presente *em tais* lugares ou *com tais* pessoas" influenciaram a sociedade negativamente por muito tempo. Inúmeras guerras foram travadas em nome da divindade segregada e de um direito religiosamente divinizado a determinados lugares, povos e posições de poder. Quando entendemos o mundo como sagrado, rejeitamos a construção binária que busca separar pessoas e lugares do divino. Mudamos a forma como vemos e vivenciamos o espaço mágico.

Isso não significa que não possamos ter certos lugares que nos são muito especiais. Basta uma busca pelo planeta afora para vermos os templos e igrejas que, por milhares de anos, têm sido, de uma forma ou de outra, centro de alguma atividade sagrada dentre uma infinidade de religiões e práticas. Os locais que abrigam rituais e práticas devocionais assumem definitivamente um tipo diferente de ressonância, mesmo séculos depois de o último devoto ter feito suas oferendas ali. Outra maneira de ver os templos e as igrejas é como espaços dedicados ao trabalho espiritual. Geralmente, seu principal objetivo é ser um local de reunião da comunidade, mas também podem ser a residência terrena de uma divindade ou espírito específico. Esses locais podem servir de escola, moradia para clérigos ou local de comércio e serviços espirituais, como divinação, cura ou concessão de sacramentos.

Perseguição religiosa, diáspora forçada, destruição do meio ambiente, roubo de terras – tudo isso desempenhou um papel na perda do espaço sagrado designado para bruxas e praticantes de magia. Portanto, embora nós, bruxas, tenhamos nossos locais preferidos, há muito tempo desenvolvemos uma flexibilidade em nossas práticas. Não se prender a um só local ajuda a flexionar nossos músculos mágicos e a reconhecer que carregamos um espaço sagrado conosco.

Outra forma de pensar sobre o espaço mágico é que ele é projetado sobretudo como espaço de trabalho. Um altar (como aprendemos com o Mago) é local de ação. O ideal é que o ambiente seja propício para facilitar a realização bem-sucedida de qualquer atividade que se tenha em mente. O processo de limpeza, preparação e delimitação do espaço é feito para que seja possível obter os melhores resultados. Assim como eu prefiro trabalhar criativamente em uma mesa limpa, com boa iluminação e todas as ferramentas ao meu alcance, o mesmo princípio vale para um círculo mágico.

Círculos, esferas e outras formas mágicas são criados para coletar energia, conter ou proteger, separar, ser espaço de comunhão ou ponto de encontro, criar um espaço liminar entre mundos ou orientar-se com espíritos específicos de lugares, elementos ou divindades. Um espaço mágico pode funcionar como um templo virtual ou uma porta protegida para abrir a comunicação entre reinos. Uma frase comum que você ouvirá sobre um círculo é que ele é um lugar que não é um lugar, em um tempo que não é um tempo.

Muitos livros sobre magia e bruxaria incluem parâmetros bem precisos sobre o tamanho de um círculo, as ferramentas necessárias, as palavras que devem ser ditas para fazer o círculo e como desconstruí-lo. Grande parte dessas informações costumam estar enraizadas no ocultismo ocidental moderno, ou seja, em métodos inspirados na magia cerimonial e nas tradições dos grimórios. No entanto, eles são *uma* forma de criar um espaço mágico, mas absolutamente não são a única forma, nem mesmo necessariamente a melhor forma, a depender de suas necessidades e de seu caminho.

Seu espaço pode ser grande ou pequeno, conforme sua necessidade, desde circundar sua casa inteira ou apenas cercar seu corpo físico. Nele é possível reconhecer direções e evocar elementos, espíritos e divindades – ou não. Não é preciso nenhuma outra ferramenta além do seu corpo para fazer o círculo ou a esfera.

Isso posto, acho útil aprender um pouco sobre o motivo pelo qual as coisas costumam ser feitas de determinada maneira. Muitos círculos mágicos são lançados evocando o elemento ar do leste para começar e o elemento terra do norte para terminar. Por que essas duas direções específicas? Quando os círculos começam no leste, a associação é com o nascer do sol. Com esse simbolismo, quando o círculo é totalmente lançado, você faz referência a todo o ciclo do dia e da noite, mas também trabalha fora do tempo e do lugar. O norte é considerado um lugar de escuridão, morte, espíritos e mistério, portanto, terminar no norte reconhece a jornada da vida – nascemos da escuridão e retornamos à escuridão. No espaço entre o ar e a terra, o leste e o norte, exploramos esse espaço liminar entre a vida e a morte, lembrando que começamos e terminamos com a respiração.

Há outros métodos para traçar um círculo, como trabalhar com o conceito de uma bússola ou encruzilhada. Frequentemente, nesses casos, o espaço é trabalhado não apenas em um movimento circular, mas também para frente e para trás ao longo, formando um X ou um sinal de mais (+), o que torna o centro um ponto focal. É bem parecido com a junção de um eixo X e um eixo Y em um gráfico, o que na matemática é chamado de origem. Nesse sentido, marcamos as coordenadas de onde estamos, orientando-nos no tempo e no espaço. Estamos reivindicando nosso espaço e tornando nossa presença conhecida em todas as direções: norte e sul, leste e oeste, acima e abaixo, dentro e fora.

Uma maneira pode ser mais correta ou eficaz do que a outra? Bem, isso se resume em grande parte ao simbolismo e à prática. Todos os elementos existem em todos os lugares, logo, atribuí-los a determinadas direções é um exemplo de humanos aplicando ordem ao estado natural das coisas. Mais uma vez, estamos usando o símbolo como pedra de toque para entender mistérios maiores. O trabalho em grupo também fica bem mais fácil se todos os envolvidos entenderem que associamos tal elemento a tal direção e a tal cor, conforme os manuais de regras. Mas quais cores, elementos e direções estão alinhados é uma coisa que varia de uma prática para outra, de uma tradição para outra, de uma região para outra. Isso à parte, se todas as correlações e métodos continuam a ser usados, é porque devem funcionar para alguém. O simbolismo aponta para algo real, não importa a interpretação única de cada pessoa. O mais importante é encontrar significado no que você está fazendo, o que significa saber por que você faz algo da forma que faz.

Ao criar um espaço mágico, considere suas necessidades e o que deseja realizar. Isso ajudará a determinar o que funciona melhor para você[4]. Quanto mais você praticar o seu caminho, mais entenderá que uma abordagem do tipo "tamanho único" não tem serventia para quem está pensando em criar um espaço mágico. Seguir um método tradicional ou estipulado tem seu valor, pois é possível se encaixar em um tipo de padrão estabelecido. No entanto, há necessidade e espaço para mais fluidez na bruxaria tradicional moderna. Nem todo círculo precisa ser um recipiente hermético, ainda mais se você deseja

4. Vamos nos aprofundar no ritual e nas razões para elaborá-lo no próximo capítulo, portanto, não se preocupe se ainda não tiver certeza de como fazer essas determinações. Estamos discutindo aqui o lançamento de círculos e o espaço mágico principalmente porque esse é um aspecto dos Pulmões da Bruxa.

trabalhar com espíritos da terra e descobrir outros tipos de conexões. Pense na criação de um espaço mágico como se fosse usar um traje de mergulho (um aparelho autônomo de respiração subaquática): para mergulhar fundo na água, é um ótimo instrumento. Em terra, o mesmo traje é pesado e restringe os movimentos. Se seu objetivo for apenas fazer *snorkel* na superfície da água, bastam uma máscara leve e adequada e, talvez, nadadeiras. Selecione o método e a abordagem que se correlacionam com a tarefa em questão.

Agora que compreendemos o que é o espaço mágico em termos de criação de um espaço de trabalho, vamos focar naquele em que você se encontra neste exato momento e que não requer nenhum planejamento: o seu corpo. Seu corpo é sua principal ferramenta para criar um espaço sagrado externo, mas também é a origem de seu eu físico e metafísico. A prática que estamos prestes a explorar pode ser feita em qualquer lugar, sempre que você precisar, por inúmeras razões. É uma excelente base para expandir a presença de seu corpo. Vamos nos amparar nesse método para criar um espaço mágico externo mais adiante, no capítulo 7, quando estivermos totalmente familiarizados com a Anatomia da Bruxa.

O círculo do corpo

Embora seu corpo não possa ser tecnicamente chamado de arredondado, ele funciona em ciclos dentro de um espaço relativamente contido: a respiração entra e sai, o sangue circula pelo coração, os nervos enviam sinais para a frente e para trás pela coluna vertebral. Seu corpo também é o ponto culminante de todos os elementos combinados: o ar como respiração; a água como sangue e outros fluidos; o fogo como combustão interna por meio do batimento cardíaco e da digestão, bem como de impulsos nervosos elétricos; a terra como sua pele e seus ossos; e o espírito como a essência de sua mente. O corpo e o espírito se cruzam para formar uma encruzilhada de você. Tudo o que algumas pessoas dizem que você precisa chamar para um círculo já está presente em seu corpo.

Para focar a consciência no corpo enquanto espaço mágico, prepare-se fazendo o Exercício das Três Respirações. Feche os olhos. Inspire e, quando o ar chegar à cavidade nasal e descer para o peito, pense: "(Eu sou) ar e fogo". Depois, ao expirar, concentre-se em direcionar o ar para a barriga e os pés, pensando: "(Eu sou) água e terra". Ou simplesmente visualize as cores amarela, vermelha, azul e verde. Inspire visualizando o vermelho e o amarelo e expire com o verde e o azul. Uma inspiração e uma expiração já resolvem o problema. Tendo reconhecido os elementos dentro de seu corpo, pode começar a fazer o trabalho que precisar. Caso assim pareça rápido demais, comece concentrando-se em um elemento ou cor por inspiração e expiração. À medida que seu cérebro e seu corpo forem pegando o jeito, você conseguirá fazer todos os elementos com um ciclo completo de respiração.

BRUXESGO
Círculo de ar

Considere a possibilidade de traçar um círculo apenas para se concentrar no elemento ar, sem nenhum outro elemento envolvido. A natureza desse círculo se concentraria em germinar pensamentos e inspirações, em provocar novos começos. Dissipe o círculo usando a mesma técnica, concentrando-se na conclusão, nos finais e na liberação.

Respiração direcionada

Com as respirações lentas, você se acalma, enquanto as inalações mais rápidas aceleram a frequência cardíaca. A maioria de nós tende a relacionar a velocidade da respiração com seu estado geral na infância (em geral na aula de ginástica). Mas você já pensou na direção da sua respiração? Graças ao desenho de nosso corpo, é possível combinar a respiração com a intenção de despertar ou energizar determinadas áreas. O trato respiratório começa nas narinas, portanto, quando você inspira, o ar sobe pela cavidade nasal e desce pela traqueia até os tubos bronquiais, enchendo os pulmões à medida que o diafragma se contrai para expandir o tórax.

Esse caminho aborda três áreas vitais: a cabeça, o coração e a barriga. A respiração direcionada beneficia todas elas. Com isso, quero enfatizar a importância de concentrar sua atenção em uma área específica ao inspirar. Portanto, se eu disser "respire para a cabeça", foque sua atenção no ar à medida que ele entra pela cavidade nasal e desce pela garganta. Quando você "respira para o coração", o foco se concentra no ar que passa para os tubos bronquiais, perto de onde fica o coração. Por fim, ao "respirar para a barriga", o foco se volta para o movimento do diafragma, que é adjacente à cavidade abdominal. Tecnicamente, o local anatômico da respiração não muda. Contudo, o alinhamento mental direcional da respiração tem grande potencial de impactar a área na qual você estiver se concentrando.

- Para buscar clareza mental e se conectar com outras pessoas, respire para a cabeça.
- Para alcançar equilíbrio emocional e focar na tarefa em questão, respire para o coração.
- Para estimular a cura e promover o bem-estar físico, respire para a barriga.

Aroma e magia dos cheiros

O ar é um elemento de comunicação. Já discorremos sobre o poder da voz e das palavras, mas há formas de comunicação associadas ao elemento ar que podemos explorar por meio dos Pulmões da Bruxa.

O sentido do olfato é um dos mais antigos e primitivos. Mesmo que você não consiga enxergar ou tenha dificuldade para ouvir (e desde que não esteja resfriada), seu nariz pode ajudar a guiar o caminho para a segurança, além de alertá-la. Ele pode conduzi-la a alimentos, água e locais seguros, bem como a potenciais parceiros. O olfato também pode avisá-la sobre situações de perigo, como no caso de alimento ou bebida impróprios para consumo ou quando há algum predador por perto, bem como existência de doenças e enfermidades em pessoas, animais ou lugares.

O ar e o aroma desempenham um papel enorme na natureza, na propagação da vida e na magia. As flores têm aromas que atraem polinizadores, e o próprio pólen se espalha pela brisa. Pequenas partículas são trocadas para criar outra vida por aqueles que voam e sopram pelos ventos. O aroma de uma flor ou das partes de uma erva também ajuda na conexão com esse espírito vegetal. Diferentes animais usam o cheiro do almíscar (uma secreção glandular) para atrair parceiros ou marcar território. E faz tempo que os seres humanos recorrem a aromas de plantas e animais para obter alguma forma de poder, tornando-se mais atraentes, compartilhando fragrâncias para expressar sentimentos românticos ou outra intenção, bem como para revestir-se de propriedades simbólicas de plantas ou animais ao empregar magia simpática.

A fumaça e o incenso também funcionam como comunicação enquanto aroma. Em todo o mundo se encontra o uso de limpeza com defumação. Basicamente, o processo implica a queima de ervas secas, madeira, resinas e outros materiais que podem ser queimados com segurança para limpar ou purificar metafisicamente um espaço, ser ou objeto. Sálvia, artemísia, cedro e zimbro são apenas algumas das ervas usadas em rituais de limpeza e purificação, porque se acredita que elas afastam entidades e energias indesejadas. Se a limpeza com fumaça tende a se concentrar na eliminação, a queima de incenso busca o efeito oposto: atrair algo ou acrescentar algo a um espaço, ser ou objeto. Misturas especiais de incenso são utilizadas para atrair ou alimentar espíritos, honrar ancestrais, agradar ou apaziguar divindades, abençoar objetos e transformar espaços. A fumaça de determinados incensos e oferendas queimáveis é um meio para enviar mensagens, seja neste plano ou em outros reinos e seres.

O aroma também está profundamente ligado à memória. Quando sinto o cheiro de pimentão na brasa, sou transportada na hora à casa dos meus avós, no sul da Filadélfia. A fragrância de determinado perfume ou colônia pode trazer lembranças vívidas de uma paixão marcante. O cheiro de um desafeto pode se tornar repulsivo, ainda que você tenha sentido afeição por ele algum dia. Pense em um aroma que, toda vez que você o sente, tem a capacidade de transportá-la a outro tempo ou espaço. Talvez você até perceba que o aroma é uma mensagem metafísica de um ente querido já falecido, pois não há outra forma de explicar um cheiro específico. Seu olfato é um instrumento de magia que deve ser bem aproveitado.

É possível alterar uma situação usando aromas que causem efeitos emocionais ou fisiológicos, contanto que você não tenha alergia nem sofra de enxaqueca relacionada a tais cheiros. Por exemplo, em termos de aromaterapia, a lavanda costuma acalmar e relaxar as pessoas, enquanto o alecrim estimula (e tem a associação mágica de aprimorar a memória). Há quem diga que queimar incenso ajuda a combater a depressão. Incensos, velas e outras misturas aromáticas colaboram para criar um fundo atmosférico nos seus rituais, definindo o clima e atraindo para o espaço aquilo que você deseja. Ungir o corpo com óleos perfumados escolhidos contribui para definir o clima de um dia ou de um ritual específico. Tenho vários óleos que aplico na parte interna dos pulsos após o banho matinal. Não uso muito, pois estou ciente da possível sensibilidade olfativa de outras pessoas, mas é apenas o suficiente para que eu sinta o cheiro pela manhã, e assim se misture com a química do meu corpo.

Para começar a acessar sua sabedoria olfativa de forma mais eficaz, inicie reservando um momento para experimentar o ar de modo consciente. Quando você sai de casa, qual é o cheiro do ar? É possível dizer algo sobre o clima ou o que está acontecendo no ecossistema ao seu redor? O que está florescendo ou se decompondo? Quando entrar em um prédio ou chegar a uma nova cidade, sinta os cheiros e assimile suas respostas emocionais ou mentais imediatas a eles. Ao conhecer alguém novo, como você se sente com o cheiro dessa pessoa? Ao mexer no jardim, dedique um tempo para sentir o cheiro daquilo com que está trabalhando, seja o solo, as coisas que estiver plantando ou removendo. Ao cozinhar, sinta o perfume dos ingredientes e observe como eles mudam durante o processo de cozimento. Esses pequenos detalhes podem transmitir muitas informações.

SUGESTÃO PARA O DIÁRIO
Sentindo odores

Analisar de modo consciente a que certos cheiros remetem é muito útil para saber usá-los em rituais e feitiços. Considere quais aromas são agradáveis ou repugnantes para você e veja se consegue determinar o motivo de se sentir assim em relação a eles.

- Que aroma te acalma ou relaxa?
- Que aroma te revigora ou empodera?
- Que aroma você associa a limpeza, lavagem e purificação?
- Há algum incenso ou aroma que você associe a um espírito, divindade ou ancestral com que possa trabalhar?

Considerando a poluição

Poluição é a introdução de algo nocivo em um ambiente e que pode causar danos ou destruição. O perigo de entrar em sintonia com o mundo é que, às vezes, corre-se o risco de ficar muito permeável ou suscetível a certos tipos de poluição. Não há barreiras imediatas entre o ar que você respira e seus pulmões, embora você possa, sim, usar filtros e máscaras. Com seus pulmões de bruxa, é preciso tomar precauções para não ficar vulnerável ou trabalhar sem filtros.

É possível considerar a poluição como física ou metafísica, e ambas podem manifestar efeitos semelhantes. Isso pode incluir pessoas que querem invadir seu espaço e hábitos seus que são prejudiciais à saúde física ou mental. Informações suspeitas, intenções e influências que buscam prejudicar alguém se enquadram na definição de poluição. Mas fechar-se totalmente ao mundo ou ficar alheia a ele é jogar pelo seguro ou ser deliberadamente ignorante.

Ignorar o espírito e outras conexões por medo pode causar ainda mais danos ou criar obstáculos maiores.

Bruxas não podem bloquear absolutamente tudo e realizar seu trabalho com sucesso. Temos de dar espaço para o crescimento. Portanto, devemos atentar para nossa adequada proteção. Podemos ter limites, proteger nosso espaço de forma eficaz e praticar a defesa de nossa soberania. À medida que avançarmos na anatomia da bruxa, encontraremos mais maneiras de nos protegermos e nos capacitarmos.

Feitiço contra a poluição

Com tão fresco sopro de ar, os ventos da mudança convoco
Para impelir o que me prejudica para longe de meu escopo!

Sigilo dos Pulmões da Bruxa

Feitos pelo ser humano, os sigilos são símbolos dotados de propriedades mágicas. Eles podem ser empregados para muitas coisas, inclusive feitiços simplificados, portais devocionais, pontos focais, proteções e marcadores. Os sigilos no fim de cada capítulo deste livro foram criados especialmente para facilitar sua jornada pela anatomia da bruxa.

Use o Sigilo dos Pulmões da Bruxa como foco meditativo para fortalecer seus Pulmões de Bruxa. Você pode talhar o sigilo em uma vela, desenhá-lo em seu altar ou ungi-lo no peito. Comece com o Exercício das Três Respirações, recite o poema do início deste capítulo e, em seguida, aplique o sigilo conforme o método escolhido. Volte a esse sigilo sempre que precisar se concentrar nas lições dos Pulmões da Bruxa.

Sigilo dos Pulmões da Bruxa

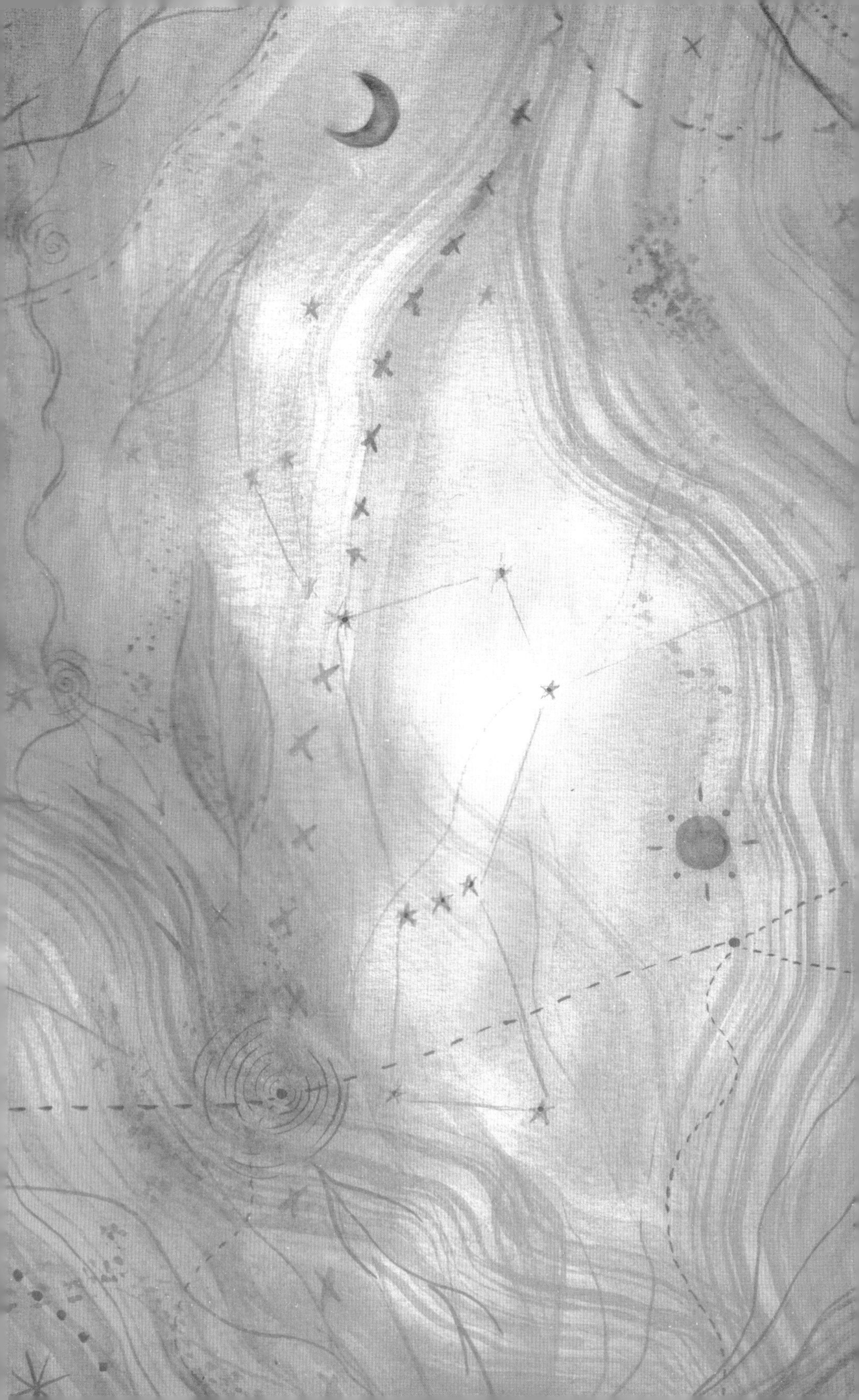

Capítulo 2
O Coração da Bruxa

O coração vê o que a mente não pode saber,
Em nosso peito pendente, para o fluxo um tambor.
Sangue pulsando adentro, padrão tecendo afora,
Marcando as marés da rota ritual.
Cada gota já foi parte de uma estrela,
E ainda hoje nos lembra quem somos nós.

Enraizado no peito, o coração aninha-se entre os pulmões. Veias e artérias se ramificam por todo o corpo, em estradas intrincadas que levam o sangue para lá e para cá. Cada vaso capilar, cada veia e artéria, por minúsculos que sejam, se conectam de volta ao coração, mapeando uma rede de trabalho pelo corpo. O coração está situado na encruzilhada de todas essas vias circulatórias, percorrendo o pulso da vida, uma batida de cada vez. Nós também paramos quando ele para. Essencialmente, o que nos move é o coração. Portanto, ao respirar, batemos e pulsamos, acendendo a centelha da vida.

O Coração da Bruxa define o pulso para a prática, despertando com suas batidas nossas emoções, concedendo-nos visão e guiando-nos adiante em nosso caminho. As bruxas se conectam aos ritmos universais, seguindo a batida de seu coração para encontrar a direção. A sabedoria flui em nossas veias, com a capacidade de conhecimento em permanente expansão.

O sangue pega as informações e a essência que os Pulmões da Bruxa trazem e as dissemina para o corpo por meio do Coração da Bruxa, para alimentar o espírito, remover o que é desnecessário ou prejudicial, nos refrescar e renovar. São esses os benefícios proporcionados pelo ritual. O ritual capta a essência espiritual e invisível e a encapsula de forma a trazer significado e potência para o padrão de nossa vida. Ele ajuda a nos tornar quem somos, definindo nosso caminho e processo. O ritual se torna nós e nós nos tornamos o ritual.

A Sacerdotisa

Caminhe pelo mistério

O Mago preparou o caminho para a Sacerdotisa montando o altar, posicionando as ferramentas e arrumando o espaço a ser trabalhado. Agora é o momento de descobrir como funcionam as coisas, o que essas ferramentas significam para você e como implementá-las de forma eficaz. Parte desse processo, às vezes, envolve aprender as coisas da maneira mais difícil, ou seja, o que não fazer em comparação com o que funciona melhor. Para descobrir essa prática, você precisa fazer mais do que apenas ficar parado. É preciso ter um plano, o que significa que você precisará reunir informações para planejar de forma adequada. Portanto, o modo da Sacerdotisa é ajudar a desenvolver o conhecimento por meio da experimentação e da experiência. Seguir em frente talvez seja assustador, mas tudo o que você precisa fazer é respirar e começar.

Dentro do reino da Sacerdotisa se encontram o mistério das coisas ocultas nas profundezas da consciência, as influências sutis do mundo ao seu redor e a iluminação interior. Associada ao número 2, essa carta traz um senso de dualidade e comunicação. Quando você olha para a Sacerdotisa, pode notar as fases lunares em sua coroa, a cruz solar em seu peito e o crescente a seus pés. Ela é ladeada por pilares pretos e brancos do templo. Nesses símbolos, é possível encontrar um equilíbrio entre luz e sombra, dia e noite, abordando os ciclos lunares e solares do ritual. Por meio dele, não apenas um motivo é estabelecido, mas também o padrão é revelado.

A Sacerdotisa a convida a entrar no mistério: não apenas para parecer, mas para seguir o caminho, mesmo que você não tenha certeza de onde ele vai dar. Nem tudo pode ser planejado ou previsto com precisão. É preciso desviar os olhos do mapa para ver aonde você está indo. Em seu interior, você carrega uma chama para iluminar o caminho e um tambor para marcar o ritmo. É preciso ouvir o ritmo interno para descobrir o que funciona melhor para cada um, pois o que funciona para outra pessoa pode não ser a melhor prática para você. Comece com uma batida simples, acenda a vela e, a partir daí, deixe o ritual fluir.

Gosto de movimentar

O coração é um músculo que torna possível o movimento ao bombear o sangue pelo corpo. O Coração da Bruxa nos ajuda a aplicar significado e propósito a esse movimento. Seu ritmo nos ajuda a focar no que é importante para nosso caminho e nossa prática.

O poema bárdico irlandês medieval *The Cauldron of Poesy* (O Caldeirão da Poesia)[5] descreve três caldeirões espirituais encontrados no corpo humano, localizados nas regiões da cabeça, do peito e da barriga. Apropriadamente nomeado, o Caldeirão do Movimento fica mais ou menos onde estão o coração e os pulmões. Ele enfatiza a ideia de que o que nos move é o que nos faz. Ou seja, somos definidos por aquilo que acelera nosso pulso de excitação, pelo que estimula nossa alma a entrar em ação.

Da mesma forma, nas inúmeras teorias espirituais que propõem um espírito de três partes, há consenso sobre o coração ser a morada do Eu falante ou consciente, que se preocupa com nosso bem-estar cognitivo e emocional. Vemos o coração como o núcleo de nosso Eu emocional. Ele é, também, um lugar de consideração, o que verificamos, por exemplo, quando algo nos deixa com o coração pesado à medida que buscamos equilíbrio. Quando falamos sobre chegar ao

---

5. Examinaremos esses caldeirões mais de perto no capítulo 8.

cerne da questão, estamos descrevendo a parte mais essencial de uma situação, o ponto crucial de algo importante – o coração.

O batimento cardíaco é reconfortante. Quando você estava no útero, ouvia a batida do coração de sua mãe e a pulsação do sangue ao redor. É um som relaxante. Sua batida foi o primeiro ritmo que você dançou ao assumir a forma física.

Quando foi a última vez que você sentiu seu próprio batimento cardíaco ou o de um ente querido? A dança da vida está acontecendo, uma batida por vez, dentro de você e de todos que a cercam. É fácil se sobrecarregar ou se desorientar com todo o barulho exigindo sua atenção. Também é comum lutar para alcançar o ritmo mais complexo, negligenciando o ritmo simples e constante que está ao seu alcance. Lembre-se de verificar a batida do seu próprio coração de vez em quando, para centralizá-la e guiá-la.

Enquanto bruxas, apesar de cada uma fazer as coisas de seu jeito particular, não procuramos criar discórdia. Tampouco buscamos domínio ou poder sobre o mundo. Buscamos conexão, unidade e equilíbrio entre nós e o mundo que nos cerca. Se conseguirmos nos render ao ritmo, fluiremos para o padrão universal. O ritual nos ajuda a abrir espaço para ouvir e nos conectarmos mais plenamente. O ritual não deve nos separar do batimento cardíaco nem subvertê-lo como um alto-falante agudo demais em um concerto. Quando perdemos o ritmo, perdemos a visão do caminho e do propósito. Por outro lado, quando tudo é visto como sagrado e interconectado, pequenas tarefas e ações se tornam tão poderosas e eficazes quanto as grandes e luxuosas.

Outra maneira de pensar sobre o movimento e o Coração da Bruxa é por meio da expressão "acender uma fogueira sob os próprios pés". A intenção é fazer com que alguém se mexa física ou mentalmente. O fogo é o elemento mais fortemente associado ao Coração da Bruxa – a água pode parecer uma escolha mais óbvia por causa do sangue, mas lembre-se de que todos os elementos estão presentes, cada um desempenhando um papel. Aceso pelo ar que passa pelos Pulmões da Bruxa, o Coração da Bruxa alimenta o fogo do nosso motor interno. Esse fogo alimenta nossa paixão e nos coloca em movimento de todas as maneiras certas.

Quando nos movemos, movemos o mundo. Com tudo isso em mente, vamos descobrir o que significa ter um Coração de Bruxa e ver onde as encruzilhadas podem nos levar. De fato, há muitos caminhos a serem percorridos – e todos começam aqui. Apelando para o sangue que corre em nossas veias em busca de orientação, é hora de definir o ritmo de nossa jornada. Vamos nos mexer!

SUGESTÃO DE DIÁRIO
O que acende meu fogo?

Considere o que lhe dá motivação: o que acende sua paixão interior? Existe algo que a anime de verdade, mesmo que seja difícil de alcançar?

Acontece muito de assumirmos as expectativas de outras pessoas em relação a nós e as priorizarmos em detrimento de nossas próprias necessidades. Não estou falando de apoiar amigos e familiares ou de cuidar dos filhos, o que costuma envolver sacrifícios ou arranjos para que todos avancem. Refiro-me àqueles momentos em que diminuímos nossa paixão para obter aceitação ou evitar confrontos. Ou quando alguém usa sua autoridade ou posição para conseguir o que quer, sem levar em consideração os pensamentos, sentimentos, metas e até mesmo direitos alheios. Nesses momentos, acontece de escondermos ou suprimirmos nossa paixão, para simplesmente sobreviver. Agora, deixe tudo isso de lado e pense na chama que você deveria estar alimentando.

Simbolismo do coração

No mundo todo, existe uma grande variedade de simbolismos que falam sobre o poder do coração. Temas de identidade, consciência e emoção aparecem e se repetem ao longo da história humana. A seguir, apresento apenas uma amostra dos símbolos que falam da magia do coração.

Na mitologia egípcia antiga, acreditava-se que o coração era a sede ou a morada da alma. Uma das imagens mais icônicas da arte egípcia é a cena da "pesagem do coração". Encontrada em muitas tumbas, consiste em uma cena do Submundo na qual o deus Anúbis, com cabeça de chacal, coloca o coração da pessoa falecida em uma balança. Do outro lado da balança há uma pena, representando Ma'at, deusa da justiça, da verdade e da ordem universal. Se o coração não estivesse em equilíbrio com a pena, a alma era devorada pelo demônio Ammit, o devorador de almas que era parte leão, parte hipopótamo e parte crocodilo.

Na mitologia cristã, encontramos o Sagrado Coração, flamejante com uma coroa de espinhos, muitas vezes perfurado por uma espada ou cruz. Esse coração está associado a Jesus e aos mistérios da Virgem Maria, simbolizando o poder do amor e da fé, que triunfam sobre a tristeza e o sofrimento. Tão macabro quanto poderoso, o Sagrado Coração provavelmente influenciou muitas de nossas visões mais modernas e seculares sobre o coração.

Desassociado das armadilhas religiosas, o formato do coração é mais comumente associado ao amor, à afeição e ao romance. O coração atravessado por uma flecha remete ao fato da seta do Cupido encontrar seu alvo, ao passo que um coração dividido em pedaços representa sofrer por amor. Quando chega o Dia dos Namorados, os corações aparecem em abundância, combinados com chocolates, flores e coisas brilhantes.

Nos arcanos menores do tarô, o naipe de copas representa as emoções, o que também está alinhado com o naipe de copas no baralho comum. Ainda, vemos o coração em destaque no Três de Espadas, onde ele é perfurado. O coração é, em essência, uma xícara ou um recipiente para a emoção, o desejo e o romance representados em todo o tarô.

Além disso, há expressões que relacionam o coração humano com o dos animais, como o coração de um leão (feroz e forte), o coração de um cordeiro ou de uma pomba (gentil e amável) ou o coração de um coelho (ligeiro e passional). Essas expressões idiomáticas apontam como associamos intimamente a essência de uma criatura ao seu coração. É importante ter em mente o profundo simbolismo que isso envolve, pois trabalhar com a energia animal não requer o coração real de nenhum ser vivo.

Magia com nosso sangue

O sangue é o rio da vida, considerado por muitos uma ferramenta poderosa para feitiçaria e magia. Só um pouquinho de sangue já é bastante útil.

Associamos o sangue à identidade, ao sacrifício, à conexão, aos juramentos e ao poder. Em algumas tradições mágicas, as iniciações podem envolver sangue sendo registrado em um livro ou compartilhado para simbolizar a conexão familiar. Uma gota de sangue, em certos feitiços e rituais, pode ser usada para fazer um sacrifício devocional ou para criar um vínculo sagrado com outro ser vivo ou espírito.

Muitas vezes, não se fala sobre isso nos círculos mágicos, mas acredita-se que o sangue menstrual tem grande poder. Esse sangue é regularmente derramado sem doença, ferimento ou morte, daí o termo duvidoso "ferida sem cura". Como se origina do revestimento do útero, o sangue menstrual pode ser associado a propriedades vivificantes e à energia sexual. Não é de surpreender que haja feitiços de amor que incluem sangue menstrual como ingrediente. Considerando-se esses aspectos, faz sentido a menstruação ser um enorme tabu inventado por aqueles que temiam que ele fosse usado contra eles.

Há também quem fale de "sangue de bruxa", como forma de descrever as correntes mágicas que correm em nossas veias, seja de forma simbólica ou acreditando que seja algo fisicamente presente no sangue. Em geral, o segundo caso costuma se referir à linhagem familiar, mas essa posição pode, obviamente, seguir por um caminho escorregadio, ligando a genética à magia de forma excludente e problemática.

De fato, a magia corre em nossas veias, mas você, sem dúvida, não precisa ter um *pedigree* especial ou uma documentação iniciática para provar isso. O fato de estar aqui, nesta jornada, desvendando os mistérios do Mago, é toda a prova necessária. Liberte-se de conceitos de valor superficiais impostos pelos outros. Em vez disso, dedique sua energia à compreensão dos ciclos, àquilo que o sangue pode ensinar sobre a maravilha de si mesma e do mundo que a cerca. O sangue viaja pela encruzilhada do coração e flui pelo corpo inteiro. Ele conhece seus mistérios internos e seu funcionamento melhor do que qualquer outra coisa. Ouça os rituais que ele sussurra a cada batida do coração.

OBSERVAÇÃO: física e metafisicamente, o sangue deve ser respeitado, a despeito de sua origem no corpo. Ainda que o sangue seja uma ajuda poderosa no trabalho mágico, é importante entender os riscos de patógenos e doenças por ele transmitidos. Qualquer corte deliberado feito para extrair sangue deve ser feito com uma ferramenta esterilizada e com um curativo adequado aplicado à ferida, para evitar infecções. Além disso, embora o sangue menstrual não exija ferimento, também há doenças transmissíveis a serem consideradas. Submeter outras pessoas aos seus fluidos corporais sem consentimento é perigoso, irresponsável e, em muitos lugares, ilegal. Façamos nossas bruxarias com sabedoria.

Corrente sanguínea: entrando no ritual

Reserve um momento para considerar a composição física do sangue que corre em suas veias. O plasma (a parte líquida) é composto em grande medida por água, sais e proteínas – reminiscências do oceano primordial onde surgiu a vida neste planeta. O plasma é essencial para mover as partículas sólidas do sangue – ou seja, os glóbulos vermelhos, os brancos e as plaquetas –, distribuindo-as por todo o corpo. Os glóbulos vermelhos são o serviço de fornecimento de oxigênio, enquanto os glóbulos brancos combatem infecções. As plaquetas ajudam na coagulação em caso de ferimentos.

O sistema circulatório é uma ótima metáfora para o ritual. Nosso coração bate como um tambor constante, proporcionando um ritmo para a vida, enquanto o sangue fala das conexões que fluem e nos mantêm em movimento. O sangue segue um padrão criado por nossa rede de artérias, veias e capilares; ele é bombeado para as extremidades do corpo e depois retorna ao coração, iniciando tudo novamente. As células vermelhas do sangue renovam o resto do nosso corpo com oxigênio e levam embora o que não é mais necessário. O ritual pode fazer o mesmo por nós: criar um ritmo para seguirmos, revigorar nossa prática com um senso de significado e propósito, e nos ajudar a remover e banir o que é indesejado em nossa vida. Os glóbulos brancos nos protegem de infecções e nos ajudam a desenvolver a imunidade e, mais uma vez, encontramos um paralelo no ritual, já que geralmente realizamos rituais quando precisamos de proteção, bênçãos e orientação. Por fim, assim como as plaquetas, recorremos ao ritual para nos ajudar a curar e preservar nosso modo de vida, bem como para manter ou diminuir o fluxo, quando necessário.

Antes de prosseguir, é importante entender o que é ritual e por que ele é tão poderoso. O *Cambridge Dictionary* define ritual como "um conjunto de ações fixas e, às vezes, palavras realizadas com regularidade, sobretudo enquanto parte de uma cerimônia". Essa definição está longe de ser abrangente, além de provavelmente ser parte da razão pela qual tantas pessoas têm uma ideia limitada do que seja um ritual. Victor Turner, antropólogo cultural britânico conhecido por seu trabalho sobre símbolos, rituais e ritos de passagem, descreveu o ritual como "uma fusão dos poderes que se acredita serem inerentes às pessoas, objetos, relacionamentos, eventos e histórias que são representados pela própria cerimônia"[6].

Essa definição oferece uma noção melhor sobre o que é um ritual, mas as associações que fazemos com a palavra *cerimônia* podem nos engessar. O ritual não precisa ser formal, grandioso, organizado ou religioso por natureza. Pode ser, mas, especialmente para as bruxas, o ritual costuma ser bem mais orgânico, cotidiano e prático.

---

6. TURNER, Victor W. *Symbols in African Ritual*. Science 179, n. 4078 (March 16, 1973): 1100–1105. Accessed February 16, 2021.

Essencialmente, o ritual é feito para dar significado, propósito e/ ou ordem a alguma coisa. Somos seres ritualísticos e fazemos certas coisas todos os dias para criar ordem em nossa vida, em busca de uma sensação de progresso.

Os seres humanos dependem de rituais formais e informais para definir o ritmo de sua vida. Assim como o sangue flui por artérias principais e pequenos capilares, há muitos tamanhos e tipos de rituais para manter sua prática ativa e fluida. Os rituais diários facilitam nosso envolvimento com o cotidiano e nossa sensação de conexão. Para ocasiões especiais, a criação de rituais dinâmicos e elaborados pode dar um toque poderoso à nossa vida. Ambos têm seu lugar no padrão.

Terry Pratchett, apesar de ser predominantemente um escritor de ficção, conseguiu captar perfeitamente muitos aspectos da magia e da bruxaria em seus livros. Em *Pyramids (Pirâmides)*[7], sétimo livro da série *Discworld*, ele escreve: "Ritual e cerimônia, em seus devidos tempos, mantinham o mundo sob o céu e as estrelas em seus cursos. Era surpreendente o que o ritual e a cerimônia podiam fazer". Pratchett está brincando, aqui, com a tendência humana de exagerar o efeito de nosso ritual no mundo ao redor: de alguma forma, se deixássemos de fazer um ritual em uma data exata ou se o mundo não fosse afetado por um certo ritual, ou, ainda, se um rito não fosse realizado de determinada maneira, o mundo seria afetado de modo catastrófico. Porém, o mundo provavelmente continuará com ou sem nós e nossos rituais. Na verdade, realizamos cerimônias para nossas necessidades. Nós nos envolvemos em rituais não apenas por nós mesmas, mas também para nos sentirmos conectadas aos mistérios e às energias influentes presentes no universo. O ritual enfatiza nossa presença, participação na comunidade e na criação. Transcendemos nossas limitações físicas para entrar em contato com algo maior do que nós. Esse relacionamento nos dá um senso de arbítrio, de estarmos

---

7. PRATCHETT, Terry. *Pyramids: The Book of Going Forth*. A Discworld novel. London: Corgi Books, 1990. p. 71.

desempenhando um papel ativo ou determinante em nosso próprio destino.

Existem tantos motivos quanto maneiras para se fazer um ritual. O mais importante é tentar entender *por que* você o está fazendo. O ritual feito apenas pelo ritual em si perde significado e efeito; é preciso saber o motivo de se estar fazendo o ritual. O significado não precisa ser profundo e espiritual. Claro que, às vezes, também descobrimos um significado e um propósito mais profundos na repetição de um ato, mesmo sem ser essa a intenção inicial. Podemos tentar algo diferente para resolver um problema, descobrir que funciona para nós e querer continuar com a prática. No cerne do ritual está a elaboração de um padrão, a despeito de parecer algo menor ou, por outro lado, dotado de muito luxo e circunstância. Algumas pessoas acham que, quanto mais complexo um ritual, melhor. Mas não é necessariamente melhor quando se trata desse assunto. A complexidade não é o fator que faz um ritual funcionar: é a compreensão do que está envolvido e de como se faz. Não há problema em manter a simplicidade das coisas.

O ritual é uma experiência de encontro protocolar. Quando um ritual é criado em um lugar de significado, em primeiro lugar, ele começa a desenvolver camadas. Considere o seguinte ritual diário: você escova os dentes de manhã e à noite porque sabe que é uma boa prática de higiene, mas, com o tempo, isso se torna algo essencial para a maneira como você organiza o seu dia. Isso faz você se sentir acordada, limpa e pronta para interagir com o mundo. À noite, os cuidados com os dentes são uma forma de arrumar e ordenar as coisas. A mesma tarefa pode ter sentimentos e significados diferentes de acordo com a hora do dia e a ordem em que você a realiza.

Quando passar a refletir sobre suas atividades diárias, você começará a descobrir as camadas de ritual e magia já presentes em sua vida. Mais adiante neste capítulo, vamos explorar como expandir essas práticas cotidianas e criar rituais eficazes também para momentos mais específicos.

SUGESTÃO DE DIÁRIO
Magia no mundano

Liste cinco tarefas ou atividades que você faz todos os dias ou todas as semanas e que criam ordem no seu cotidiano. Que importância física elas têm em sua vida? O que acontece se você não as fizer ou se não cumprir sua agenda?

Agora, saia desses efeitos físicos e considere ver essas atividades de uma perspectiva mais metafísica, ou adicionar uma camada de significado mágico. Aquela bebida matinal pode ajudar a definir uma intenção para o seu dia? Um banho pode ser usado para limpeza ou proteção espiritual? E quanto às refeições?

As marés do corpo

Sempre que discuto rituais, magia e efeitos da lua, lembro às pessoas que nós mesmas somos, em grande parte, corpos d'água. Assim como a lua afeta as marés do oceano com suas fases, nós também temos estágios de crescimento e declínio, fluxo e refluxo. Somos essencialmente oceanos móveis, e temos marés.

Este exercício foi criado para facilitar a conexão com o fluxo de sangue em todo o corpo. Ele não só possibilita entrar em contato com as correntes do seu corpo, como também é um excelente exercício calmante.

Comece com o Exercício das Três Respirações (do capítulo 1) para se preparar. Depois, ponha a mão direita sobre o coração. Inspire, centralizando a respiração em seu peito, enchendo os pulmões. Ao expirar, imagine o ar como energia que sai dos pulmões para o coração. Com sua mão, sinta a vibração do coração batendo à medida que o tórax se contrai suavemente com a expiração. A partir daí, respirando normalmente, em sua mente, siga o fluxo de sangue enquanto ele se afasta do coração. Parte a parte, siga o sangue conforme ele se expande pelo corpo.

De início, recomendo fazer esse exercício o mais lentamente possível. Contar cada progressão pode ser útil, por exemplo, desta forma:

1. Seu sangue flui a partir do coração e passa pelos pulmões como uma onda suave.
2. Seu sangue viaja rumo ao norte, subindo pelos ombros até o pescoço.
3. Seu sangue vai subindo pelo pescoço, alcançando o cérebro, os olhos, os ouvidos, a língua, o nariz.
4. Seu sangue flui de volta aos ombros, desce pelos braços rumo aos antebraços, pulsos, palmas das mãos e dedos.
5. Seu sangue segue rumo ao sul, passando pelo tronco e descendo até os quadris, nutrindo o fígado, o estômago, os intestinos, os rins.
6. Seu sangue vai descendo pelas coxas, encontrando os joelhos e descendo pelas panturrilhas, pelos tornozelos e pelos pés, até os dedos.

Seu sangue alcançou o corpo inteiro. Retire a mão direita de cima do coração, substitua-a pela esquerda e respire fundo. Com essa respiração, chame o sangue de volta ao coração.

Então, inverta a contagem, começando em seis, nos dedos dos pés, puxando o sangue de volta como uma onda que recua suavemente, até chegar ao coração com a contagem de um. Caso esteja se sentindo particularmente indisposta, você pode realmente desacelerar a onda em ambas as direções, passando por subseções do corpo a cada contagem, em vez de partes inteiras.

Esse processo também facilita a percepção de quando algo está errado e precisa de atenção, desde desconfortos físicos a bloqueios emocionais. Se você se deparar com algo assim, dedique um tempo extra a essa área, respirando sangue na área, quebrando o descontentamento até ele desaparecer.

Com o tempo, esse exercício pode ser acelerado, de modo que o fluxo de saída seja feito em uma única expiração, inalando o sangue de volta ao centro. A vantagem dessa versão breve (depois de praticar a versão lenta) é que ela pode ativar todos os seus sistemas, por assim dizer – ou seja, você se sente totalmente consciente e presente em seu corpo, pronta para enfrentar qualquer tarefa.

Ritual de iniciação

O Coração da Bruxa nos põe em movimento, marcando o ritmo dos dias e das estações, os ciclos da vida e a dança da lua e do sol no céu. Ele nos ajuda a celebrar os grandes momentos e a abraçar cada respiração entre eles. Então, como criamos um ritual que reflita nossa prática da melhor forma possível?

Descobrir o ritual, às vezes, pode ser algo como *Cachinhos Dourados e os Três Ursos* e *Chapeuzinho Vermelho*: "Este ritual é muito longo e seco, mas aquele era muito curto e irregular. Este ritual não tem força, enquanto aquele ritual é intenso demais para a intenção. Ah, esse ritual aqui é o ideal!" Também devo dizer que nenhum urso, lobo, avó ou criança deve ser ferido durante o ritual.

O ritual precisa ter propósito e resultado. Isso pode parecer óbvio, mas já observei muitos rituais em que o propósito nunca foi definido e, essencialmente, nunca levou a nada, a não ser perda de tempo. Como isso é possível? Quando as pessoas se prendem demais aos detalhes, como adereços, figurinos e um longo roteiro a seguir, elas podem acabar sufocando o fluxo do ritual. Algumas pessoas fazem um ritual porque acham que é o que deveriam fazer, mas não têm nenhum tipo de objetivo ou foco. Depois, há pessoas que têm medo de investir para que o ritual de fato funcione, então elas basicamente se autossabotam e o ritual não dá certo.

Se, primeiro, você considerar o tipo de ritual que procura fazer, o padrão começará a se encaixar. Há um propósito, logo, há uma diretriz a ser seguida[8]. O ritual aprimora os padrões, mas também permite quebrá-los quando necessário, celebrando a consistência ou dando início à mudança.

---

8. Para mais informações sobre a criação de rituais, consulte as páginas 124-129 de meu livro *Weave the Liminal: Living Modern Traditional Witchcraft* (Woodbury, MN: Llewellyn, 2019).

Os tipos de rituais que fazemos tendem a se enquadrar em uma ou mais das seguintes categorias:

- *Contingente/Iniciático:* foco em transição, necessidade, crise pessoal
- *Ancestral/Devocional:* em honra de falecidos, divindades ou espíritos
- *Divinatório/Revelador:* para prever e revelar
- *Protetor/Preventivo:* para saúde e segurança de pessoas, terras, animais etc.
- *Sazonal/Cíclico:* voltado a um momento do ciclo lunar ou solar

Por exemplo, uma iniciação ou ascensão, dependendo da tradição, seria considerada um ritual contingente. Um ritual de cura para doença grave poderia ser tanto contingente quanto protetor. O "scrying" durante a Lua Cheia seria um ritual divinatório e cíclico. Um ritual para invocar os Poderosos Mortos poderia ser tanto um ritual ancestral quanto protetor. Se você fizer um ritual para Imbolc, concentrado na deusa Brigid, então será um ritual devocional e sazonal. Alguns desses rituais podem ser feitos regularmente todos os anos, ou só uma vez, dependendo da necessidade e do objetivo.

Para estabelecer um padrão de prática com ritual, considere no que você gostaria de se concentrar. Se quiser criar uma prática diária, comece de forma simples e pequena. Tentar fazer algo elaborado e demorado todos os dias é exaustivo, ainda que você tenha tempo para isso. Aqui vão apenas algumas sugestões para fazer borbulhar seu caldeirão.

Ideias de ritual diário

- Concentrar-se em uma intenção diária enquanto prepara sua bebida matinal
- Honrar seu corpo durante o banho/ducha da manhã ou da noite
- Observar a vida em sua vizinhança ao passear com o cachorro
- Tirar uma carta de tarô ou oráculo, uma runa ou um osso todos os dias
- Trabalhar no jardim por 15 minutos

- Ungir-se com um óleo ou perfume para orientar seu dia
- Realizar uma meditação noturna de gratidão

Ideias de ritual semanal

- Arrumar e renovar um altar
- Tirar um dia por semana para dançar ou se concentrar em movimentos rituais
- Cozinhar uma refeição especial para você, para os espíritos ou para uma reunião da comunidade
- Varrer, lavar e abençoar sua entrada/porta da frente
- Fazer uma leitura divinatória completa de sua semana passada ou da semana que está por vir
- Prestar serviço voluntário em sua comunidade local

Ideias de ritual mensal

- Observar o Esbat (ritual voltado para a lua, que pode ser realizado em qualquer fase de sua escolha)
- Elaborar um sigilo mensal para direcionar a energia do mês seguinte
- Tirar um dia apenas para estudos focados em artesanato
- Reconectar-se com o *genius loci*, honrando o espírito da casa, o ancestral etc.

Ideias de ritual anual

- Reconhecer o início (ou o fim) de uma estação
- Marcar o aniversário de um antepassado falecido
- Honrar um dia de festa de um santo ou espírito
- Comemorar um sabá ou festival regional

Provavelmente, os rituais terão aparência e sensação bem diferentes, sendo você o fator comum. Os rituais variam de bruxa para bruxa, de acordo com seu caminho, foco, histórico e localização. Não se compare com o que ouve dizer que os outros fazem (especialmente on-line). A sensação de seu ritual é mais importante do que sua aparência física. Lembre-se: o ritual pode ser muito elaborado ou bem simples, desde que funcione para você.

Em termos de estrutura, o ritual pode ser:

Formal	Informal	Improvisado	Extático
Encomendado	Planejado	Tradicionalista	Único
Solitário	Teatral	Participativo	Orgânico
	Ensaiado	Invisível	

Objetivos e fluxos energéticos para rituais

Coletar/juntar	Trocar	Finalizar
Equilibrar	Comunicar	Descobrir/revelar
Transformar	Proteger	Reconhecer
Limpar	Curar	Comemorar
Construir	Iniciar	Lembrar/honrar

Quer você planeje um ritual com antecedência, quer ele aconteça de última hora, há um fluxo de projeto consistente nos rituais eficazes:

Início ➤ Construção ➤ Sustentação ➤ Clímax ➤ Conclusão

Início

Todo ritual deve ter um gesto específico para marcar seu começo. Pode ser algo simples, como respirar, tocar um sino, acender uma vela ou um incenso, ou apenas anunciar sua intenção. Se estiver trabalhando sozinha, esse gesto facilita a concentração da mente e indica que você está mudando de espaço. Se for o caso de trabalhar com outras pessoas, é fundamental que todos estejam na mesma sintonia.

Construção

Construir pode se referir à preparação metafísica e física de um espaço, dependendo de suas necessidades. Isso inclui a criação de um círculo mágico, o alinhamento do seu corpo ou a disposição de ferramentas, ingredientes ou outros componentes.

Sustentação

Uma vez que o ritual tenha começado e tudo esteja em ordem, é hora de prosseguir com o objetivo do ritual e alcançar o resultado desejado. Essa sustentação se forma cantando, entoando cânticos, dançando, tocando tambor ou fazendo outra atividade ou interação de sua preferência.

Clímax

O clímax do ritual ocorre quando o objetivo principal é posto em ação ou alcançado. É a comunhão com divindades ou espíritos, o envio de energia de cura, divinação, clarividência ou alguma outra forma de conexão desejada.

Conclusão

Assim como você marcou claramente o início do ritual, deve marcar o seu fim. Novamente, isso pode ser tão simples quanto a forma escolhida para começar, como uma respiração ou um gesto, ou pode ser a quebra do que foi construído. Isso inclui os cuidados posteriores ao ritual, tanto com você mesma como com os outros e o espaço. Sempre limpe o que sujou.

Lembre-se:

- Não há problema em rir e se divertir.
- Não tenha medo de errar. O mundo não vai acabar, e o ritual pode funcionar melhor do que o planejado.
- Trabalhe com o fluxo, não contra ele.
- Considere com antecedência a segurança e o bem-estar. Esteja preparada!

- Tenha em mente seu objetivo.
- Em geral, menos é mais.
- Confie em si mesma.
- As coisas geralmente demoram mais do que se espera.
- Limpe sua sujeira, física e metafisicamente.

Ritual é tecer o liminar. Nesses vários estados e ações, às vezes sentimos as conexões do espírito, do lugar, do ser, e devemos trabalhar com elas. O metafísico e o prático tornam-se parceiros, enquanto é fortalecida sua percepção sobre o padrão do qual você faz parte ao mesmo tempo em que o tece.

Memória muscular

Em se tratando do corpo, alguns músculos trabalham com pouco esforço de nossa parte. O coração é um deles: ele faz seu trabalho sem que a gente precise pensar nele de modo consciente. O processo é automático, mas o ritmo de nossa respiração pode acelerar ou desacelerar os batimentos cardíacos. Outros músculos precisam de nossa orientação mental e foco para realizar suas tarefas. Além disso, precisam de exercícios regulares para manter a saúde e a força, bem como para desenvolver habilidades visando obter máxima eficiência.

Não muito diferente dos músculos, você tem ferramentas metafísicas que pode usar de modo consciente na ponta dos dedos. Mas há também algumas práticas que funcionam melhor em nível subconsciente ou até mesmo inconsciente. Os rituais que fazem parte de sua rotina diária, em geral, se tornam automáticos por natureza. É provável que você não pense de modo consciente todas as manhãs: "Eu limpo meus dentes para manter a boa saúde, lavo meu corpo para ter cheiro bom, aplico hidratante para cuidar da pele etc.". Na verdade, é mais provável que você esteja pensando no dia seguinte, no que disse ontem à noite ou no que vai fazer nas próximas horas. Mesmo assim, esse processo de ritual ocorre enquanto sua mente viaja – seu impacto não é diminuído por qualquer outra coisa em que sua mente possa estar se concentrando. Você desenvolveu o que as pessoas tendem a chamar de memória muscular.

Por outro lado, há atividades que exigem que você esteja totalmente presente, como iniciações, dedicações, consagrações, ritos sazonais etc., para que seja possível obter o máximo possível de benefícios. Os trabalhos extáticos que envolvem transe requerem comprometimento total, apesar do fato de que, às vezes, sentimos como se não estivéssemos conscientemente presentes. Porém, mesmo com esses trabalhos ativos – para quem já os fez o bastante –, há uma sensação de memória muscular em jogo. Por exemplo, se há um poema que sempre é recitado, ou uma resposta comum a uma invocação ou evocação, há uma boa chance de você responder de modo automático, já que é esse o padrão estabelecido.

Pense em seus processos para realizar rituais, feitiços e outros trabalhos. Quais tipos de rituais lhe parecem naturais e quais demandam mais esforço? Onde está sua zona de conforto (ou de desconforto) e o que você acha que isso significa para sua prática? Por exemplo, eu me sinto bastante confortável realizando rituais extáticos e criando coisas na hora, mas fico bem menos confortável trabalhando com roteiros e tendo que memorizar ações ordenadas – algo que eu poderia evitar, mas decidi trabalhar com outro grupo, cujos ritos são compostos em grande parte por tradições preservadas. Não estou, de jeito nenhum, na minha zona de conforto, mas considero isso um excelente desafio e uma chance de aumentar minhas experiências. O conforto é uma coisa adorável, no entanto, escolher uma oportunidade de crescimento é melhor ainda.

Bruxaria exige força mental, corporal e espiritual, e o uso de rituais facilita seu desenvolvimento. A disciplina física, mental e emocional é desenvolvida ao longo do tempo com a prática e as experiências – boas e ruins. A tendência é nos concentrarmos apenas nos sucessos e valorizarmos o que percebemos como positivo. Mas as coisas que vemos como negativas também podem nos ajudar de forma significativa em longo prazo. Se não tivermos desafios a superar e problemas a resolver, talvez não sejamos tão resilientes quanto pensamos. Em vez de deixar que os erros do passado a inundem de vergonha e arrependimento, use-os como ferramentas para tomar atitudes melhores e mais educadas no futuro. A título de ilustração, considere como as vacinas funcionam. A exposição a um vírus em um nível mínimo ajuda nosso sistema imunológico a desenvolver anticorpos para que não fiquemos doentes com esse vírus no futuro. Mais um exemplo: se sofrermos uma lesão física, como uma entorse ou uma fratura, depois de um período de descanso, teremos que trabalhar para fortalecer essa área. A parte difícil é respeitar toda a jornada e termos paciência conosco.

A prática gera poder

Talvez você ainda esteja se perguntando: "Mas a prática diária e o ritual são essa coisa toda? O que eu realmente ganho com isso?". Quero compartilhar algo que aprendi quando comecei a escrever este livro. Em março de 2020, o planeta inteiro parou enquanto tentávamos lidar com o vírus da Covid-19. A pandemia interrompeu eventos, festivais e reuniões de todos os tipos, afetando principalmente minha agenda de viagens, que se concentrava em aulas e apresentações. Muitos praticantes de magia ficaram fora de si sem as reuniões semanais ou mensais de clã/grupo, sem os festivais, as aulas e outras atividades regulares que ajudavam a fundamentar e conduzir seu caminho. Milhares de pessoas imaginaram que isso não poderia durar muito tempo e, em vez de iniciar novos padrões, optaram por esperar. Mas as coisas não voltaram ao normal em algumas semanas, nem mesmo em alguns meses. No meu caso, embora eu goste de trabalhar com outras pessoas e sinta falta de viajar, sempre fui bastante autossuficiente quanto à minha prática pessoal. No entanto, cerca de seis meses após o início da pandemia, a falta de mobilidade regular estava realmente me desgastando, por dentro e por fora.

Eu verdadeiramente precisava movimentar mais meu corpo físico, e tinha que fazer isso em casa. Só que também tinha que ser algo envolvente para a mente e o espírito. Por isso, resolvi começar a fazer algo para me movimentar todos os dias, algo relacionado a um tema mágico. Em seguida, eu gravaria em vídeo e postaria o resultado no YouTube, no canal que batizei de *Witchual Work-Out*[9]. O termo *Bruxesco* teve origem em uma das minhas típicas criações verbais espontâneas, durante um *workshop,* muitos anos atrás, quando meu cérebro estava mais rápido do que minha boca (o que acontece quando me empolgo). Eu já havia começado a incluir o termo neste livro, e o canal me pareceu uma boa ideia para continuar. Achei que postar os vídeos on-line para outras pessoas me acompanharem me ajudaria a estabelecer uma responsabilidade de fazer isso regularmente. Eu também queria fazer vídeos adaptáveis a uma ampla variedade de níveis de habilidade e mobilidade e, sobretudo, acessíveis a pessoas que se sentissem intimidadas pela dança. O último detalhe é que cada vídeo seria uma única tomada não editada, nada sofisticado.

Comecei a gravar todos os dias sobre os seguintes temas, com cada episódio durando de oito a quinze minutos:

- *Segunda-feira:* trabalho lunar
- *Terça-feira:* leitura de tarô ou oráculo
- *Quarta-feira:* divindades / espíritos
- *Quinta-feira:* leitura de tarô ou oráculo
- *Sexta-feira:* livre escolha (conforme inspiração do dia)
- *Sábado:* trabalho com feitiços
- *Domingo:* trabalho solar

Depois de 40 episódios, percebi que sete dias por semana eram o meu limite. Eu precisava fazer uma pausa mental de alguns dias para recarregar as baterias e descansar. Assim, os temas do fim de semana foram incorporados aos outros dias, conforme parecia apropriado a cada ocasião. Quase todos os vídeos têm um aquecimento, uma meta e um meio de criar um espaço sagrado que varia, e, assim, sempre há algo novo para pensar e aprender.

---

9. "Treino Bruxesco", ou "Malhação Bruxesca".

O que mais notei nesses vídeos foi que, além de eu estar me mexendo mais e melhorando meu espaço mental, também senti outros efeitos poderosos. A conexão com minha prática se aprofundou, e comecei a perceber ainda mais padrões se revelando. Os treinos desenvolveram seus próprios temas e correlações semanais, que também se relacionavam com o que estava acontecendo no mundo em geral. Esse projeto aumentou meu senso de conexão, não apenas com meu corpo, mas com o mundo todo. Ao postar os vídeos, ajudei pessoas em sua prática pessoal e criei uma comunidade. Tudo isso com uma atividade que toma só 10 a 20 minutos do meu dia, cinco dias por semana.

Já passei dos 100 episódios na lista de reprodução. Continuarei a produzi-los enquanto achar necessário e a publicá-los para que as pessoas possam apreciá-los. Os arquivos estão em meu canal no YouTube: www.youtube.com/@LTZWitch.

Portanto, se estiver procurando aprofundar sua prática mágica, para se sentir mais verdadeiramente conectada enquanto bruxa, não posso deixar de recomendar uma prática diária. Encontre algo pequeno que você possa passar algum tempo fazendo regularmente. Dê uma olhada na lista de sugestões diárias apresentada anteriormente neste capítulo. Comece a fazer isso. Não seja muito dura consigo mesma caso precise mudar o ritmo ou a forma de fazer as coisas. Perceba que não são os atos individuais que importam tanto, mas que a consistência de fazer as pequenas coisas regularmente é que traz o maior efeito. Ouça seu coração e deixe que ele te guie.

Visão do coração: o olhar de quem vê

O Coração da Bruxa, um coração humano com um só olho, é um tema comum em minhas obras de arte. Por que um olho no coração? O que significa esse símbolo? A arte costuma retratar coisas difíceis de colocar em palavras, mas vou tentar.

Sinto que o olho do coração percebe coisas que nossos olhos físicos talvez não consigam perceber. É um tipo de visão interna que enxerga com mais clareza do que nossos olhos físicos conseguem processar (mais precisamente, do que nosso cérebro). Por exemplo, falamos sobre a ideia de amor à primeira vista, mas isso não é necessariamente algo que resolvemos em nossa cabeça, de forma lógica. Em vez disso, em geral, somos tomados por uma sensação em nosso peito: excitação, nervosismo, alegria, desejo, saudade e outras emoções difíceis de identificar. Esses sentimentos são diferentes do instinto, o qual abordaremos no próximo capítulo. Eles tendem a se sobrepor à lógica mental e às predefinições de sobrevivência. O amor é como passar a usar uma engrenagem que você nem sabia que tinha. Ele talvez seja poderoso ou mesmo avassalador. Mesmo que não sejamos capazes de usar a lógica para explicar o motivo de sentirmos isso, sabemos que o sentimento em nosso coração é verdadeiro e confiável. Essa é a visão que o Coração da Bruxa oferece[10].

O olho, em si, é um tema encontrado vezes sem conta no mundo inteiro ao longo da história. Nossos ancestrais reconheceram que o mundo vai além do meramente visível. O olho pode simbolizar divindades, espíritos, anjos, proteção, orientação, mistério e visão astral. Os olhos são frequentemente descritos como a janela ou o espelho da alma. Quando olhamos "olho no olho", há uma sensação de compreensão mútua e igualdade. Dois ou mais Corações de Bruxa reunidos podem gerar manifestações e trabalhos em grupo extraordinários.

Encapsulado no simbolismo do olho está o fato de que estamos vendo e sendo vistos. Observamos semelhanças e diferenças, agrupando coisas parecidas e separando aquelas que não combinam. Sabendo que também estamos sendo observados pelo mundo ao nosso redor (enquanto o observamos), procuramos controlar como, quando e onde seremos vistos. Erguemos paredes, cortinas e ofuscamos o que não queremos revelar, o que preferimos manter escondido. Dito dessa forma, pode parecer que estamos tramando coisas nefastas, mas o

---

10. Confira *Witchual Workout 114: Heart Vision Meditation* em meu canal do YouTube, https://www.youtube.com/watch?v=MWn8un43J78.

desejo de privacidade – e até mesmo de sigilo – está encravado em nosso cérebro. Não precisamos necessariamente usar nosso coração na manga para todo mundo ver, apenas mantê-lo perto de nós.

Nem tudo precisa ser exposto ou exibido. Há poder em guardar algumas coisas para nós mesmas. No reino da bruxaria, escolher o que queremos revelar e o que fica escondido atrás do véu pode ser crucial para o sucesso de um ritual ou trabalho. Resolver o que compartilhar e o que ocultar talvez seja difícil. Mas, se prestamos atenção e ouvimos nosso coração e nossa intuição, acabamos descobrindo que não é tão complicado quanto pensamos.

BRUXESGO

Corações elementais

Como um autêntico caldeirão de emoções, às vezes o Coração da Bruxa pode se sentir imerso em diferentes elementos. Podemos até perceber um coração com tendência elementar em outra pessoa. Conforme mencionado na introdução deste livro, cada elemento tem características que admiramos e outras que não nos agradam tanto. Aqui estão algumas maneiras de ver o Coração da Bruxa imerso em elementos:

- *Coração do ar:* respiração, movimento, leveza, transparência, inconstância, falta de fundamento, volatilidade
- *Coração do fogo:* paixão, consumo, purificação, inspiração, explosão, temperamento forte
- *Coração da* água*:* incubação, reabastecimento, limpeza, afogamento, muita emoção, enxurrada
- *Coração da terra:* crescimento, opacidade, jardim (bem ou malcuidado), composto

Neste momento, a qual elemento parece que seu coração está mais intimamente ligado? Como você se sente quanto a isso? Parece ser algo em estado mutável, fixo ou cardinal? Se achar que ele precisa de ajuda (processo de limpeza, remoção de ervas daninhas, limpeza de poeira etc.), considere fazer isso de forma ritual. Pode ser uma tarefa física de natureza simpática, como tomar um banho de limpeza, capinar o jardim ou limpar a sala de estar, ou talvez uma meditação, um trabalho em transe, uma exploração artística. E se você escolhesse algo de cada elemento para colocar em seu altar em forma de coração, criando uma mistura inspiradora? Não há opção certa ou errada, só o que funciona em tal momento – e há uma boa chance de que volte a funcionar. Ao manter o controle sobre o que produz resultados mais eficazes, facilitamos a criação de padrões mais fortes em nossas práticas. Mas não tenha medo de experimentar, ainda mais se estiver se sentindo presa depois de algum tempo.

Aqui estão algumas ideias para entrar em movimento:

- *Coração do ar:* esta é uma técnica de fácil consecução para quem precisa se livrar de ideias que deixam o coração pesado. Com um bastão de fumaça de limpeza, a céu aberto, desenhe um coração no ar e visualize os pensamentos pesados se dispersando com o vento. Não se esqueça de averiguar antes para que lado está soprando o vento.
- *Coração do fogo:* se quiser criar interesse ou entusiasmo por alguma coisa, coloque uma representação disso (imagem, palavra ou objeto) no centro de um anel em forma de coração, junto a velas de chá, durante a Lua Crescente ou Cheia.
- *Coração da* água*:* para desacelerar algo, a dica é esculpir um coração em um cubo de gelo e mantê-lo congelado. Inversamente, dá para usar água para desenhar um coração em uma superfície quente, para fazê-la chiar, caso queira esquentar uma situação.
- *Coração da terra:* há algo de agradável e reconfortante em segurar uma pedra em formato de coração – e elas geralmente cabem no bolso. Portanto, carregue um coração de hematita para afastar a negatividade, ou um coração de quartzo para trazer clareza.

Corações Elementais

Fique imóvel, respiração e sangue

Nossos Pulmões e Coração de Bruxa trabalham juntos para nos manter em movimento, mas será que há espaço para silêncio, calma e quietude?

Pense no significado por trás da expressão "*holding my breath*"[11]. Ela sugere uma sensação de antecipação ou suspense, possivelmente por medo ou excitação. Animais que são presas (como coelhos) ficam paralisados ao perceber o perigo. Há uma sensação de reação, de luta ou fuga, de se preparar para qualquer coisa que possa acontecer. Crianças pequenas, em geral, ameaçam prender a respiração até obter o resultado desejado. Na verdade, isso é muito difícil de se fazer, pois nosso corpo quer respirar. Desmaiamos antes que nos aconteça algum mal. Também prendemos a respiração, por curtos períodos, ao nadar embaixo d'água, buscando conhecer o mundo sob a superfície ou nadar pelo mar desconhecido. Há quem ensine as crianças a prenderem a respiração ao passar por um cemitério, para que os mortos não fiquem com ciúmes nem as sigam. Se, decisivamente, *não estivermos* prendendo a respiração em relação a algo, significa que não esperamos que isso aconteça, provavelmente por ser improvável.

Na prática da bruxaria, podemos ver essas expressões de forma totalmente diferente. É possível reter a respiração para não emprestar energia ou insumos a algo de que não queremos fazer parte (para nosso benefício ou para o benefício de outros). É possível prender a respiração para fazer uma pausa, agregando mais foco e intenção ao que faremos em seguida. É possível usar a respiração para interromper um padrão doentio ou indesejável, como sentir raiva ou ansiedade por alguma coisa. É possível "tomar fôlego" para criar um espaço ou fazer uma pausa naquilo que costumamos fazer. Usamos técnicas de respiração para atingir um estado de calma e controle.

---

11. Literalmente, "prendendo minha respiração", mas significando "contando com isso", "com grande expectativa", "mal posso esperar". (N. do Trad.)

Às vezes, ocorre de estarmos mais trabalhando contra o nosso próprio bem-estar do que realizando o que nos propusemos a fazer. Caso esteja se sentindo sobrecarregada por sua prática, respire fundo e afaste-se um pouco. Assim como há poder no movimento, também há poder na quietude. Quando a poeira baixar, tente examinar seu trabalho de forma objetiva. Será que você anda lutando contra a corrente em vez de seguir o fluxo?

Um exercício simples em caso de estresse: primeiro, faça as Três Respirações. Em seguida, ponha a mão sobre o coração para senti-lo bater. Inspire contando devagar 1, 2, 3, 4. A seguir, expire sem pressa enquanto conta 4, 3, 2, 1. Concentre-se apenas na sensação dos batimentos cardíacos, na respiração e na contagem. Repita por três ciclos e tire a mão do peito. Inspire bruscamente pelo nariz e expire ruidosamente pela boca, soltando os ombros ao expirar.

Sigilo do Coração da Bruxa

Depois de passar um tempinho com o Sigilo dos Pulmões da Bruxa, é hora de passar para o Coração. Use esse sigilo como foco de meditação ou ritual para encontrar mais facilmente o padrão do seu Coração da Bruxa. É possível gravá-lo em uma vela, desenhá-lo em seu altar ou ungi-lo em seu peito. Comece com as Três Respirações e recite o poema do início deste capítulo; então, permita que flua a inspiração. Se tiver acesso a um tamborzinho, pode usá-lo para batucar de leve um ritmo de batimento cardíaco. Se for preciso fazer silêncio ou se você não gostar de instrumentos de percussão, encontre uma música com um bom ritmo e coloque fones de ouvido. Concentre-se na batida e nas sensações que ela traz.

Sigilo do Coração da Bruxa

Capítulo 3
A Serpente

No fundo do ventre, em nosso âmago aninhada,
Uma serpente que se move do céu ao chão.
Primitiva, sensual, antiga e sábia,
Que sabe os segredos para além das mentiras.
Renovar, transformar, deslizar, soltar a pele,
Proteger e libertar a alma interna.

Quando a Serpente fala, ela revela a verdade sobre nós. Não é o mundo que precisa ser "rejuvenescido" ou "reencantado". Somos nós que precisamos – ou, mais especificamente, as partes de nós mesmas que se desconectaram de nossos poderes naturais.

A Serpente é a parte mais primordial que temos em nós. Ela não é como um pedaço de terra que pode ser colonizado e contido para caber atrás de cercas brancas. Ela é selvagem, sábia, fluida e, muitas vezes, cheia de surpresas. Embora talvez a gente não entenda na hora, a Serpente pode ser nosso melhor sistema de alarme, que nos avisa sobre perigos potenciais ou coisas em que devemos prestar atenção.

A Serpente pode mergulhar fundo, aparentemente hibernar e, de súbito, surgir do nada, sem aviso. Ela pode parecer perfeitamente satisfeita, descansando languidamente ao sol, e logo ficar perturbada ou inquieta. A bruxa ouve o Eu primordial dentro de si, alcançando o equilíbrio entre ação e descanso.

A Serpente diz: "Com sua língua, beije o ar; o corpo, mova como água; que seu espírito queime como fogo e deslize fácil sobre a terra".

A Imperatriz

Seja farta e plena por dentro

A Sacerdotisa coloca você no caminho, criando padrões para se descobrir e com os quais trabalhar. Muitos desses processos parecem um relógio: eles definem o ritmo e enfatizam ainda mais seu espaço e suas habilidades. Eles criam um abrigo ou ambiente para o próximo nível de trabalho, para permitir que seus níveis subconscientes e inconscientes venham à tona.

A Imperatriz percorreu os mistérios da Sacerdotisa e agora se senta em seu trono para observar o mundo à sua volta. Nutriz de criatividade e fertilidade, ela promove a abundância. Oferece águas curativas, mas também protege com ferocidade aqueles que nutre. A Imperatriz é conhecida por fazer uma ou doze danças em seu tempo, mas também não se importa em ficar parada. Ela não tem medo de se reinventar, mas honra o espírito em todas as formas que assume. A Imperatriz tem a ver com considerar escolhas e ter o poder de tomar decisões.

O Coração da Bruxa trouxe você até aqui para explorar suas emoções e aprender a ouvir sua intuição. Venha tomar um drinque com a Imperatriz e fazer um feitiço para aprender sobre poder e escolha. Opte por conversar com a Serpente.

Encontrando a Serpente

Existe, em sua pélvis, uma energia serpentina enrolada, aguardando seu momento. Para alguns, a serpente representa tudo o que há de errado no reino terreno: pecado, tentação, coisas escorregadias. Mas há muito tempo, antes da publicidade negativa relativamente recente, a serpente já era honrada como uma criatura de sabedoria. A energia da serpente pode revelar a você os mistérios do renascimento, da cura e da transformação.

Também localizados na cavidade inferior do corpo estão os intestinos, que bem se parecem com um ninho de cobras. Quando falamos de instinto e intuição, talvez você se pergunte por que as expressões "siga seu instinto" ou "tive um pressentimento" aparecem com tanta frequência. A maioria das pessoas associa ser sensitivo com a mente – tão central para a cabeça –, mas aqui estamos falando da barriga. Há uma ciência real por trás disso, pois o revestimento do intestino abriga muitos neurônios que se comunicam com o cérebro por meio do nervo vago, que sai da base do cérebro, passa pelo tórax e desce até o abdômen. A base do cérebro é frequentemente chamada de cérebro reptiliano, pois controla nossas funções vitais mais básicas e nossos comportamentos de sobrevivência. Portanto, essa "intuição" é a Serpente usando esse antigo sistema de comunicação para nos manter alertas e preparadas. Acho que essa intuição raramente está errada, mesmo que eu não saiba por que estou prestando atenção nela no momento. Sobreviver primeiro, prosperar depois, certo?

A Serpente também explora sua energia mais carnal e animalesca. O processo mais básico da vida é a reprodução, que abrange desde organismos unicelulares assexuados até ervas e árvores, coelhos e nós, humanos. É evidente que a vida humana está muito além da procriação, por isso, atente a que não devemos nos limitar a essa caixa. Por exemplo, seu trabalho talvez seja fértil em criatividade – e gerar um legado não é tão diferente da progênie biológica. Além do mais, é possível ser sensual sem ser sexual. É possível ser sexual sem ser procriadora.

Encapsulados na Serpente estão aspectos do simbolismo orientado tanto para o homem quanto para a mulher: sim, as cobras nos lembram dos falos, com suas formas longas e ágeis e suas cabeças moldadas, mas há também o *Ouroboros*, a cobra que se resume a si mesma, muitas vezes retratada na arte formando um oval ou um círculo que come a própria cauda. No hinduísmo, a palavra *kundalini* (que significa "serpente enrolada" em sânscrito) descreve uma energia feminina divina que fica na base da coluna vertebral e está presente em todos os gêneros. O ovo órfico da mitologia grega costuma ser representado como um grande ovo com uma serpente enrolada. Desse ovo primordial, nasceu a divindade hermafrodita Phanes/Protogonus que, por sua vez, criou as outras divindades que povoaram o mundo. Prognóstico? A Serpente é fluida em termos de gênero.

Sabendo que a serpente é tão primordial e poderosa, não é de surpreender que tenha sido tão difamada, ainda mais por sociedades que defendem ideias puritanas e restritivas sobre sexo, gênero e identidade. Ainda hoje enfrentamos restrições sociais e tabus culturais, como "o sexo deve ser feito apenas entre um homem e uma mulher casados" e "o sexo é apenas para fins reprodutivos, e masturbação também é pecado". Como isso é limitador, entediante e completamente ignorante da diversidade e dos poderes do corpo humano! Há também toda a variedade de níveis e rótulos de sexualidade que deixam as mentes conservadoras confusas: assexuado, demissexual, bissexual, pansexual, homossexual, heterossexual e muito mais. A magia sexual tem um poderoso potencial que vale a pena explorar nas situações certas, seja a sós ou consensualmente com um parceiro (ou parceiros). Mas há outras maneiras de se conectar com a energia da Serpente, logo, não se deixe enganar pela ideia de que a magia sexual seria a única. Se você enxergar o mundo por uma lente de inclinação mágica, tudo, desde cozinhar a tomar banho e transar, pode ter uma expressão mágica. Já tive visões incríveis durante o sexo, que depois usei em minhas obras de arte. Mas também tive visões semelhantes quando estava prestes a dormir, tomando banho ou dançando. O que isso me diz é que provavelmente existe um estado mental comum, ou um foco alcançado durante todas essas atividades físicas, que faz cócegas no ponto certo do meu cérebro. A Serpente fala de muitas maneiras. Para esclarecer, não é preciso ser sexualmente ativo ou ter interesse em trabalhar com ela, nem seus órgãos sexuais precisam estar intactos ou presentes em seu corpo. De toda forma, você ainda é o lar da Serpente.

Quando instruo as pessoas sobre a postura básica na dança, uma das áreas mais importantes em que me concentro é a região pélvica. Como já vimos, nessa área acontecem muitas coisas que se alinham com a Serpente. Trabalhar com a pélvis pode despertar novas sensações e aumentar o controle sobre os órgãos e músculos inferiores.

Também pode ser porta de entrada para a cura de traumas (físicos ou emocionais). Lembro-me de um instrutor de dança que, anos atrás, mencionou que a gente retém muita bagagem emocional nos quadris e que não é incomum as pessoas chorarem quando começam a trabalhar nessas áreas – não por dor física, mas por desbloquear partes subconscientes do cérebro que passaram anos a fio nas sombras. Depois disso, costuma haver uma enorme sensação de liberação e alívio ao trabalhar essas áreas. A prática regular de exercícios de baixo impacto que ativam os quadris pode facilitar o enfrentamento de provações emocionais e mentais com mais eficiência, evitando a constipação emocional e outras tensões[12].

Ssssssssss...

A Serpente tem algumas coisas a dizer, então preste atenção:

Sua magia não está arraigada em seus órgãos reprodutivos, gênero ou sexualidade. A magia pode, sim, acontecer nesses órgãos e com eles, mas não se limite a esses papéis. Ser capaz de gerar vida é uma coisa sensacional, mas associar sua magia ou identidade restritamente aos órgãos reprodutivos é reduzir as pessoas a partes. Essa forma limitada de pensar não fortalece ninguém por muito tempo. Quanto menos você associar a eficácia e o uso de seus órgãos reprodutivos à sua identidade e capacidade de magia, melhor.

Não precisa ser designada como mulher ao nascer para convocar ou invocar uma deusa. Não precisa ser designado como homem ao nascer para convocar ou invocar um deus. Não precisa estar em uma união heterossexual ou heteronormativa para realizar o Grande Rito ou atrair o sol ou a lua. Não precisa participar do binário de gênero para fazer magia. Você tem tudo o que precisa. Só não pise na cobra.

---

12. Acho difícil instruir alguém com segurança sobre os movimentos do quadril no formato de livro, caso contrário, incluiria alguns exercícios aqui. Mas tenho um vídeo de instrução chamado *DecoDance: Nouveau Noir Bellydance*, que orienta essa área, bem como o restante do corpo (disponível em meu site, https://lauratempestzakroff.com). Você também pode me procurar no YouTube.

A Serpente Sagrada

A serpente é encontrada em todas as mitologias do mundo. Trata-se realmente de um dos símbolos mais antigos conhecidos pela humanidade, abarcando temas de sabedoria, cura, morte, transformação, proteção, imortalidade e fertilidade. Aqui vai um pouco de folclore serpentífero:

Guardiões e proteção

Muitos templos e locais sagrados são protegidos por serpentes. As górgonas da mitologia grega (lembre-se da Medusa) eram originalmente associadas à proteção dos templos. Héstia (grega) e Aspelenie (eslava) eram deusas do lar que, segundo dizem, apareciam na forma de uma pequena serpente.

As serpentes em geral guardam as árvores do mundo de suas mitologias, incluindo Veles nos mitos eslavos, Níðhöggr nas histórias nórdicas e a Serpente da Visão da lenda maia. Wadjet, em sua forma de cobra, é a protetora do Egito (como visto nas coroas dos faraós), além de oráculo que possui o olho da sabedoria, que tudo vê.

Saúde e medicina

Asclépio (ou Asklepios), deus grego da medicina e da cura, carrega um bastão com uma serpente nele enrolada. Por sua vez, Mami Wata (África Ocidental/Central/Sul e diáspora) traz fertilidade e cura. Ela costuma ser mostrada como uma mulher segurando uma cobra enorme, ou como um ser metade mulher, metade serpente.

Submundo e divinação

O oráculo de Delfos era conhecido como Pythia, o que remete a Python, uma serpente que guardava o umbigo do mundo e foi morta por Apolo. O oráculo e o templo ficaram sob seu domínio. No antigo Egito, a divindade Nehebkau, uma serpente de duas cabeças, guarda a entrada do submundo.

Já o caduceu é uma varinha ou bastão alado circundado por duas serpentes, empunhado pelo deus grego Hermes, emissário e mensageiro dos deuses, capaz de se mover rapidamente entre os reinos mortal e divino. Hermes também atua como psicopompo, guiando as almas para a próxima vida. Em suas mãos, o caduceu representa a troca equilibrada e os poderes duplos, capazes de dar ou tirar a vida, de fazer adormecer ou despertar.

Criação

Damballah é um importante espírito da criação nas tradições de vodu do Haiti e da Louisiana. É representado como uma grande serpente branca e pura que conecta os mundos. Sua esposa, Ayida-Weddo, é chamada de Serpente Arco-Íris (mas não confunda com a Serpente Arco-Íris da mitologia australiana). Juntos, eles equilibram as forças que tornam possível a vida na Terra.

Na tradição australiana do *Dreamtime*, a Serpente Arco-Íris criou o universo, e suas ondulações deram origem às montanhas e aos vales. Seu gênero varia de grupo para grupo, passando de masculino a feminino e a hermafrodita. Também está associada à cura.

Não se sabe a mitologia exata por trás da criação do *Great Serpent Mound* (Grande Monte da Serpente), com 410 metros de comprimento, que fica em Ohio. Esculpida na terra, trata-se de uma serpente engolindo um ovo, e sua cabeça se alinha com o solstício de verão (recomendo muito uma visita caso esteja em Ohio).

A sabedoria da Serpente

A Serpente engloba várias qualidades diferentes: criação, visão astral, renovação, cura, proteção e muito mais. Talvez não pareçam relacionados, mas esses poderes estão todos aninhados na Serpente por um bom motivo: são caminhos para a sabedoria. Eis aqui algumas maneiras de se conectar a cada um deles:

Criação

A Imperatriz é tanto uma criadora quanto uma patrona das artes. Em muitos mitos, o corpo da serpente cede lugar para dar origem a uma nova criação ou realidade. Não é preciso encontrar sua própria morte para criar algo extraordinário, mas toda criação envolve sacrifício. As coisas que valem a pena exigem certa quantidade de tempo, energia e recursos materiais. Isso significa que, como criadora, é preciso dar a si mesma crédito e respeito por seu trabalho. Como patrona, se o trabalho é algo que você deseja, então ele tem valor, e criadores merecem respeito e apoio adequado.

Visão

Veja e ouça com todo o seu corpo. Ouvir a Serpente requer um investimento no silêncio: dizer não às coisas que exigem sua atenção sem dar nada em troca, à voz que insiste em falar sobre tudo.

Acalme-se. Não precisa "aquietar" ou "esvaziar" sua mente. Esse é um convite para desacelerar, para aproveitar o momento, saborear o ar, ouvir o silêncio e simplesmente ser. Não se preocupe com o que está por vir ou onde você deveria ou precisaria estar. Onde você está neste momento é o lugar certo de estar. Deixe as coisas passarem por você como as ondas de um lago, quebrando devagar, retornando, circulando, refrescando. Haverá visões de perfeita clareza e haverá momentos turbulentos em que as águas ficarão turvas, dificultando enxergar o que está por baixo. Isso não é uma falha: é natural. Nem todas as visões fazem sentido imediatamente. Às vezes, é preciso sentar-se com elas antes que a verdade seja revelada.

Renovação e cura

As serpentes ganharam fama de renascer porque trocam de pele, deixando a antiga para trás. Esse processo nem sempre é fácil para elas. A troca de pele as torna vulneráveis e, às vezes, elas precisam de um pouco de ajuda.

Para você, a descarga pode significar a liberação de ideias e coisas que lhe são prejudiciais, sejam elas originárias de outras pessoas ou de si mesma. Deixar de lado a culpa, a vergonha e outras emoções negativas, descarregar a dismorfia corporal, remover pessoas abusivas de sua vida – tudo isso são coisas a serem eliminadas. O processo pode parecer assustador ou potencialmente doloroso, e pode até exigir ajuda profissional, mas abrirá caminho para a cura. Quando você se cura, você se renova.

O movimento também pode ser incrivelmente curativo – não apenas o movimento do corpo, mas o da mente. O Zaar, do norte da África, e a Tarantata, da Itália, são danças de transe folclóricas que usam movimentos vigorosos para curar o coração e a mente. O folclore dessas danças pode atribuir uma maldição a uma sessão espiritual ou à picada de uma aranha, respectivamente, mas a raiz do problema real costuma ser a extrema repressão da mente e a natureza sexual presente na cultura. Podemos nos ver um pouco mais liberados, mas isso não exclui o poder de se levantar e movimentar o corpo. Não é preciso encenar uma *performance* ou um ritual elaborado para movimentar seu corpo. Coloque algumas músicas que inspirem a Serpente e se solte.

Proteção

"Não há bom ataque sem uma defesa sólida" é uma mensagem que costuma aparecer na maioria dos filmes voltados a esportes. Tradução do ponto de vista da Serpente: se você vai enfrentar o mundo ou se expor de alguma forma, tome precauções. Lembre-se de convocar seu Eu soberano – e um pouco de charme mágico a mais sempre ajuda. Usar algo como escudo protetor costuma ajudar muito ao sair pelo mundo, seja um símbolo de divindade ou poder, um sigilo invisível ou uma pulseira de mau-olhado.

A maioria das cobras não é peçonhenta, mas algumas passaram por um processo de evolução natural, adquirindo características visualmente semelhantes às das peçonhentas, o que efetivamente assusta os predadores em potencial. Seja venenosa.

Cuidado com o veneno

É fundamental saber se proteger (e aos outros) e manter sua posição quando necessário. Isso inclui saber em quais batalhas se envolver e de quais se afastar. Isso também significa manter seu ego sob controle e não deixar que o poder suba à sua cabeça. Tenha isso em mente quando estiver lidando com outros praticantes de magia.

Algumas pessoas acham que, depois de reivindicar seu espaço, alinhar todas as ferramentas e marcar as caixas de rituais, são mestres. No entanto, costumam ser vistas tendo acessos de raiva e colapsos emocionais piores do que os de uma criança. Seu trabalho é instável e errático, embora na superfície pareça impressionante. Essas pessoas não se engajaram com a Serpente. Evite-as sempre que possível.

A Serpente de água: limpeza e purificação

A maioria das pessoas pensa que a serpente é uma criatura da terra ou do fogo, mas a água também pode ser seu lar. Observar uma serpente nadando é fascinante e encantador: parece que elas apenas deslizam pela superfície, deixando um rastro de ondulações serpentinas. Há também as serpentes marinhas da tradição, cujos corpos são apenas sugeridos quando rompem a superfície, aparecendo por um breve momento. Muitos outros mistérios estão à espreita em incalculáveis profundezas. O elemento água oferece um lugar de contemplação, revelação e admiração, tanto acima quanto abaixo. Nossa própria Serpente precisa de certo tempo para aproveitar os poderes rejuvenescedores da água.

Limpeza e purificação são formas de renovar e refrescar a Serpente. Embora tudo o que o corpo faz seja natural, isso não significa que ele não se suje ou acumule toxinas e outras impurezas, ainda mais no contexto espiritual. Limpeza e purificação são especialmente úteis quando passamos por situações estressantes, quando nos deparamos com coisas que nos fazem sentir mal ou desconfortáveis, ou quando queremos fazer um novo começo ou transição espiritual.

Cada cultura tem uma receita para limpeza do corpo, o que costuma envolver a incorporação de um ou mais dos seguintes elementos: vapor, fumaça, sal, água e terra. Há saunas úmidas e secas, cabanas de suor, *mikveh* (judaico), *ham-man* (árabe), *banya* (russo), banheiras quentes e frias, salas feitas de sal, areia ou carvão, e assim por diante. Há temas comuns que aparecem várias vezes no mundo inteiro para essas práticas de banho. Dependendo da cultura, os banhos podem ser recomendados após a menstruação e o parto, antes ou depois da atividade sexual, antes de feriados sagrados e eventos especiais, antes ou durante os sacramentos, antes ou durante a evolução espiritual (iniciação, conversão) e após a morte.

Os banhos podem ser experiências comunitárias ou solitárias. Em culturas que incentivam o banho coletivo (separado por gênero ou não), tende a haver maior aceitação e apreciação do corpo e, normalmente, menos tabu em relação à nudez. Há algo de belo e surpreendente em ver uma grande variedade de formas corporais e os efeitos do envelhecimento. Cada corpo é único. Ao ver o corpo de outras pessoas de perto e pessoalmente, em contexto não sexual, a sensação é de familiaridade. Quando nossa principal oportunidade de ver outros corpos é filtrada pelo Photoshop, em páginas de revistas e telas de mídia, ficamos com uma falsa sensação de como nosso corpo deveria ser naturalmente. Tenha isso em mente na próxima vez que examinar seu corpo no espelho do banheiro. Seu corpo é uma bela criação, feita de experiências reais que se refletem em sua pele e abaixo dela.

BRUXESGO

Banhos rituais

Se você não tiver um caldeirão pessoal gigante (também conhecido como banheira), adapte esses banhos para que funcionem também no chuveiro. Outra opção é uma limpeza de fumaça com seu incenso favorito, antes ou depois de um banho ritual.

Enxágue de artemísia

Não costumo ir ao *spa* com frequência, mas um dos meus favoritos tem uma fonte de água com infusão de artemísia. Lá, eles fornecem tigelas grandes e a ideia é pegar a água para despejá-la sobre o corpo, como uma ducha autoaplicada. A artemísia (*Artemisia vulgaris*) é usada na magia para melhorar a visão astral e reforçar a proteção. É uma erva muito comum e barata, que cresce praticamente em todos os lugares, logo, é fácil de obter. A maneira mais fácil de usá-la é fazer uma infusão. Colete a erva seca em uma bolsa de musselina ou saquinho de chá – o suficiente para encher. Acrescente o saquinho a uma panela grande com água em temperatura segura para banho, por pelo menos cinco minutos. Despeje em sua banheira ou utilize no chuveiro. Aviso: A artemísia não é adequada para mulheres grávidas ou lactantes. Ela não deve ser usada em banhos diários, mas apenas de vez em quando, em ocasiões especiais.

Vassoura de alecrim

O alecrim é outra erva barata e fácil de adquirir, utilizado em vários trabalhos mágicos. Ele pode ser usado para melhorar a memória, fortalecer e fortalecer o espírito, oferecer proteção e limpar. Nas casas de banho russas, o *venik* é uma vassoura que costuma ser feita de galhos de carvalho, usada em massagens vigorosas e percussivas. Ela aquece e revigora o corpo. Inspirando-se nessa prática, junte ramos frescos de alecrim em um pequeno *buquê* (com quatro a seis ramos, cada um com cerca de sete a oito polegadas de comprimento). Enquanto estiver na banheira ou no chuveiro, bata a vassoura de alecrim em seu corpo delicadamente, mas com energia, evitando os olhos e partes delicadas. O aroma será maravilhoso e você se sentirá renovada.

Preservar e construir energia

Quando pergunto às pessoas qual é o maior obstáculo à sua prática, o problema mais relatado é o cansaço físico. Os motivos da exaustão ou da falta de energia variam tanto quanto os diversos grupos de pessoas com quem converso. Para alguns, uma agenda de trabalho agitada e/ou a vida familiar é o que consome grande parte de seu tempo e energia. Outros estão passando pelo processo de envelhecimento e sentem que não conseguem mais fazer as coisas como antes. Doenças físicas, deficiências ou problemas emocionais também são respostas recorrentes. A despeito do que esteja causando sua fadiga, talvez você sinta que fazer rituais ou outro tipo de trabalho irá cansá-la mais ainda.

Um dos principais problemas é que muitas pessoas aprendem técnicas de rituais que esgotam suas reservas, exaurindo-as. Mas, no final da maioria dos rituais, você deve se sentir energizada ou revigorada, não exausta. Então, como se faz? A técnica é dupla: primeiro, há a questão de como a energia é gerada em um trabalho e, depois, de como você trata o corpo após o término do trabalho. Primeiro, é importante entender que não é preciso usar sua própria energia para fazer algo funcionar. Embora o corpo seja um excelente canal, é como uma bateria. Muitos feitiços envolvem componentes como velas e ervas porque essas coisas também são como baterias, substituindo ou aprimorando as nossas. Se você entende que a magia começa com o pensamento, então sabe que as coisas já estão em movimento quando começa a pensar no que vai fazer. Mas é claro que sempre podemos dar um empurrãozinho. Isso não exige necessariamente um esforço físico maior de sua parte, desde que direcione a energia ao seu redor e através de si mesma.

Você é composta de átomos. Tudo o que é matéria é, em essência, um amontoado de partículas em movimento – nada é realmente sólido. O ar que respiramos está cheio de átomos. Qualquer coisa que forneça iluminação reflete partículas de você. O chão está vibrando, assim como a cadeira e o *tablet* ou livro que você está segurando neste momento (ou as ondas de áudio que está ouvindo). Há luz brilhando de uma fonte próxima a você neste momento. Tudo isso é energia em potencial que dá para utilizar como um canal. É possível movê-lo e direcioná-lo com respiração, visualização ou gestos simples do corpo, sem nem mesmo suar. O simples fato de tocar de leve as mãos na ponta dos dedos cria uma vibração poderosa e eficaz. Se você estiver em uma sala fechada (em comparação com o ar livre), seu corpo aquecerá o espaço, seja qual for o nível de atividade que você esteja fazendo. E o que acontece quando as moléculas são aquecidas? Elas se movimentam ainda mais! Esse modelo científico, sem dúvida, pode facilitar a ação de imaginar o aumento da energia de maneira totalmente nova!

É possível estimular ainda mais a energia ao seu redor, com movimentos mais ativos, caso você consiga ou se inspire a tentar. A percussão aumenta a força com o som, contato físico e o ritmo. A entoação e o canto usam som e padrão. A dança desperta o corpo e facilita sua conexão com o ambiente. No entanto, ao realizar qualquer uma dessas atividades, há o risco de esgotar facilmente sua fonte de energia se você se desconectar do fluxo e do objetivo do trabalho. Fazer a atividade de forma correta, em sintonia com a energia do trabalho, é como estar em um riacho: a água se move ao seu redor e você muda a forma dela com o seu corpo. Usar só sua própria energia é como tentar invocar cuspe para substituir esse fluxo abundante. Outro exemplo: se você dança para tecer um padrão com outras pessoas, você está no fluxo da correnteza. Se você dança como se estivesse em uma rave depois de três margaritas, você está tentando cuspir o fluxo. Lembre-se da lição dos Pulmões da Bruxa: respire, concentre-se na interconectividade e preserve seu espaço.

Mergulhar na correnteza, unificando-se com a presença da energia ao redor, é como eu sugiro aumentar a energia, e é como eu mesma faço. Mantendo a analogia com a água, imagine entrar no oceano. Quando jovens, nossa tendência é simplesmente correr e pular, sem preocupação com o tempo ou o destino. Só queremos mergulhar! Não nos importamos em nos molhar, em pegar resfriado, nem se a pele vai ficar enrugada, se a correnteza está nos tirando do alcance dos olhos atentos dos nossos pais ou dos salva-vidas. Na maioria das vezes, está tudo bem, mas podemos entrar em apuros por causa de nossa falta de atenção.

À medida que envelhecemos, a tendência é ficarmos mais sensíveis à temperatura da água, à direção da maré, à força das ondas e ao que pode estar sob nossos pés quando nos aprofundarmos. Podemos entrar com cautela: primeiro, molhando os pés; depois, chegando aos joelhos; passando pelas ondas até a altura do quadril; e, por fim, mergulhando e molhando o corpo inteiro. Quando estiver completamente imersa, você irá se preocupar menos com os detalhes e aproveitar o momento com propósito, mas mantendo-se alerta às águas-vivas, e sem se deixar levar para longe pela maré. Podemos mergulhar de costas, surfar, mergulhar com *snorkel* ou apenas flutuar, dependendo de quão calma ou agitada estiver a água. Não há sentido em flutuar quando as ondas são grandes e agitadas, nem em surfar quando quase não há ondas. Você entende as condições porque está no meio da situação, prestando atenção aos sinais. Você sabe que é hora de sair quando começa a sentir cansaço ou frio.

Para voltarmos ao processo de geração de energia, considere a diferença entre seu eu mais jovem e o mais velho[13]. Cada experiência tem seu lugar. As crianças costumam ter energia abundante e sua única motivação é brincar. Os adultos são mais cautelosos, pois aprenderam os possíveis perigos e consequências de suas ações, logo, têm mais consciência de seu corpo. Adultos saboreiam o tempo gasto e o aproveitam ao máximo, escolhendo as atividades certas para as condições que se apresentam. Como um praticante de magia que acumula energia em um ritual ou outro trabalho, é preciso se concentrar em seu objetivo enquanto avalia a situação. É preciso ter consciência sobre se determinado método está funcionando ou não, para então continuar ou mudar o curso, conforme necessário. Cantar não parece estar tendo o efeito que

---

13. Embora o exemplo do oceano use uma pessoa mais jovem em comparação com uma pessoa mais velha, quando se trata de trabalhar com energia com bons resultados, a profundidade do entendimento de cada praticante não é determinada pela idade nem pelo tempo de prática. Algumas pessoas sabem de forma intuitiva como sentir essas coisas de imediato, e outras usam rituais até o fim, ano após ano, pois não percebem a corrente. Definitivamente, sinta-se à vontade para experimentar e tentar coisas novas, esteja onde estiver em sua prática. Considere o porquê de algo funcionar ou não para você.

você procura? Então, talvez você deva dançar ou acender uma fogueira. Seja sensível às condições que a cercam para poder determinar quando é hora de concluir a tarefa em questão.

Direcionar a energia acumulada é, em essência, saber quando atacar, deixando-se guiar pela intuição da Serpente. Avançando em nossa analogia com o oceano, esse momento é quando a gente avista a onda e se prepara para pegá-la, atingir a crista e surfar habilmente até a arrebentação. Terminar o acúmulo de energia é saber quando entrar nessa onda. Seja qual for a sua meta ou propósito, é para essa arrebentação que você está indo. Se você estiver fazendo um trabalho de cura para alguém, poderá usar uma foto da pessoa, caso ela não esteja presente. Se quiser proteger um lugar, caminhe ao redor dele ou fique de frente para a direção do local, caso não esteja na região. Pode ser uma ideia que você lança no céu ou enterra no chão. O mais importante é que, de alguma forma, você faça uma conexão (visual, mental, física etc.) que ajude a encontrar sua marca.

Depois de elevar a energia e direcioná-la para onde você precisa, ainda não acabou. A coisa mais importante antes de terminar o rito, ritual ou trabalho é reservar um tempo para limpar e restaurar o equilíbrio do seu corpo. Se você já teve problemas para entender o fluxo de energia em seu corpo e tende a cuspir a corrente, é muito fácil se esgotar durante a elevação da energia, e ainda mais durante o aterramento, no final. É provável que você já tenha participado de um ritual em que todos são instruídos a fazer o aterramento, que em geral envolve deitar-se no chão e visualizar a energia saindo de você.

Esse tipo de aterramento não se encontra em meus rituais. Em primeiro lugar, a menos que saiba levitar, você terá tido contato com o chão o tempo todo, pelos pés. Se estiver devidamente conectada ao fluxo de energia, deverá ser capaz de regular, elevar e direcionar a energia sem se esforçar além do necessário. No entanto, você ainda precisa concluir com uma boa higiene espiritual que limpe e reabasteça seu ser. Se você trabalhou com outras pessoas, espíritos, planetas ou luminárias, você direcionou energia externa.

Participar de um ritual pode ser como apertar a mão de um monte de gente. E depois de apertar muitas mãos, você com certeza vai querer lavar as mãos antes de fazer qualquer outra coisa. Além disso, enquanto apertava todas essas mãos, você devia estar conversando e queimando calorias, logo, vai precisar se hidratar e talvez fazer um lanche. É aí que entra a higiene espiritual. Ela serve para assegurar que você não esgotou acidentalmente alguns de seus recursos ou pegou algo que não quer carregar.

* Exercício para libertar, reabastecer e reavivar *

Após atingir o clímax do trabalho, faça o seguinte, durante a conclusão do seu ritual.

De pé ou sentada, faça o Exercício das Três Respirações, concentrando-se no estado de seu corpo. Em seguida, estique os braços para frente com as mãos em concha, perto do corpo, como se estivesse prestes a pegar água de uma cascata. Visualize seu corpo se enchendo de água pura, fresca e limpa.

Levante as mãos em concha bem acima da cabeça, preparando-se para derramar a água. Visualize a liberação de uma chuva purificadora sobre você. Devagar, afaste as mãos e abaixe-as à sua frente, com as palmas voltadas para dentro e os dedos delicadamente separados, à medida que os braços vão sendo abaixados. Complete o movimento até que as pontas dos dedos apontem para baixo, em direção ao chão.

Repita esse movimento mais duas vezes.

Uma opção interessante é conectar cada movimento com as seguintes frases, uma por ciclo:

Libero e lavo o que não preciso.
Reabasteço o que foi absorvido.
Reavivo e me refresco para o trabalho por vir.

Também é possível realizar esse exercício com um copo de água – só não vá derramá-la de verdade em si mesma. Em vez disso, tenha à mão um copo limpo e água fresca. Depois de fazer o Exercício das

Três Respirações, tome um gole para cada frase, sentindo o líquido descer pela garganta. O que é especialmente bom nessa versão é que você deve estar precisando se hidratar mesmo, então realiza duas tarefas vitais de uma só vez.

Devorar feito uma cobra

Quando nos conectamos com a Serpente, aprendemos a trocar de pele, a saber quando é hora de descansar e quando é hora de atacar. Há também um simbolismo a ser considerado na forma como a serpente faz suas refeições, e que pode ajudar em questões de magia. Examinaremos a alimentação e a digestão com mais profundidade no capítulo 6, mas vamos nos deter agora ao que a Serpente nos ensina especificamente sobre isso.

Embora as serpentes tenham dentes, eles servem para morder e agarrar, não para mastigar. Em vez disso, as cobras precisam comer as refeições inteiras, abrindo as mandíbulas o suficiente para acomodar o que capturaram – muitas vezes abrindo muito mais do que o próprio corpo. Depois de engolido, o alimento percorre lentamente seu caminho pelo sistema digestivo, levando certo tempo para ser totalmente absorvido. É interessante notar que, quanto mais quente a cobra estiver, mais rápido conseguirá digerir o alimento.

Ao absorver novas informações e aprender novas práticas, às vezes sentimos que estamos fazendo mais do que podemos. É fácil ficar sobrecarregada e sentir que não está progredindo. Mas qualquer coisa que valha a pena aprender leva tempo e prática, ainda mais em se tratando de ser uma bruxa. Poucas coisas são imediatamente evidentes e compreendidas na superfície. Precisamos passar certo tempo descascando as camadas, então nos familiarizamos com os ingredientes e nos envolvemos tão ativamente com a experiência que a sabedoria aprendida se torna nossa segunda natureza. Como a cobra quente, quanto mais praticamos, mais rápido parece o processo.

Há mais camadas do simbolismo da serpente a serem consideradas. Observe que nossos intestinos têm a forma de uma cobra, assim como o interior de nossos pulmões se assemelha a galhos de árvores. Em nossos intestinos, decompomos os alimentos em seus elementos básicos, absorvendo o necessário e eliminando os resíduos, que retornam à terra. Vemos esse processo vital repetidas vezes em todas as formas de vida individuais. Também sabemos que ele acontece coletivamente no chão das florestas, onde insetos, fungos e microrganismos decompõem as folhas das plantas e a carne dos animais. Na morte e na decomposição, a terra está sendo criada e renovada. Evoluímos para carregar nossos solos florestais conosco, transformando e reconstruindo a nós e ao mundo.

Em alguns mitos, a serpente é supostamente "amaldiçoada" a rastejar de barriga para baixo pela sujeira, e até mesmo a comê-la (o que não acontece, portanto, é uma estranha flexão). No entanto, se pensarmos bem, todos nós comemos de certa forma sujos de terra, e todos nós (pelo menos os seres humanos) começamos rastejando. A terra é essencial, recebendo a morte e dando a vida – verdadeiramente sagrada. Rastejar faz parte do nosso processo de aprendizado, e seríamos abençoados se o fizéssemos com a metade da elegância e da suavidade da Serpente.

Portanto, quando se sentir frustrada com o progresso de seu caminho, coloque as mãos na barriga e lembre-se de como a serpente se alimenta. Lembre-se de que você contém os mistérios da vida e da morte em seu abdômen. A transformação está bem dentro de você.

Seguindo a Serpente

A bruxaria tradicional é frequentemente chamada de "caminho tortuoso", no sentido de que a jornada é curva e sinuosa. Penso que a palavra *tortuoso* tende a trazer uma sensação de aleatoriedade, de ser dobrado contra a própria vontade – algo que se torna tortuoso porque seu crescimento foi de alguma forma impedido –, aliada a um toque de desonestidade ou fraude. Embora eu tenha dito, há muito tempo, que existe uma linha tênue entre astúcia e vigarice quando se trata de bruxaria, esse caminho exige que você seja brutalmente honesta consigo mesma. Antes de tudo, é preciso "conhecer a si mesma". É claro que as pessoas podem escolher a descrição que quiserem para definir seu caminho, se funcionar para elas; portanto, se "tortuoso" funcionar para você, ótimo.

Quanto à bruxaria tradicional moderna, que combina práticas e mitos modernos com conceitos e folclore tradicionais, acho que há outro nome que funciona melhor: Caminho Serpentino.

A serpente é antiga, repleta de símbolos e sabedoria, mas ainda hoje prospera e evolui. Uma serpente se move em todas as direções, flexionando-se para abrir caminho onde quer que seja. Ela sabe se dobrar e se curvar para enfrentar um obstáculo, mas a forma e a estrutura do ser geral da serpente conservam sua integridade. Ela responde a estímulos ambientais, mas a mudança é iniciada de dentro para fora. A serpente é fluida, flexível e persistente.

Também encontramos as formas serpentinas em espiral e o movimento na estrutura do DNA, na forma das galáxias e na sequência de Fibonacci. Nós fluímos e refluímos, subimos e descemos, entramos e saímos, movendo-nos acima e abaixo, à esquerda e à direita, correndo e descansando. Existe um ritmo e um padrão em nosso caminho, mesmo que tenhamos dificuldade de identificar seu motivo, no início.

O Caminho Serpentino é o trabalho da Tecelã, a bruxa que intuitivamente entende os padrões, tanto os visíveis quanto os invisíveis, cujas mãos trabalham com fios liminares, sabendo quando adicionar e quando descartar, o que atar e o que cortar, o que trazer e para o que deixar espaço. A Tecelã é capaz de sentir as coisas pelo tato, de prever o que está por vir e, ao mesmo tempo, ficar de olho no passado. Essa bruxa sabe quando é hora de se desfazer de tudo e começar de novo.

Seu caminho terá curvas e desvios. Haverá momentos em que você não vai querer fazer nada além de se deitar em uma pedra e tomar sol. Depois, haverá períodos em que você precisará ir ao subsolo para se reagrupar ou gestar novos conceitos. Haverá obstáculos e desafios, mas haverá novas aventuras e grande sabedoria a ser desvendada. Siga em frente.

Sigilo da Serpente

Use o Sigilo da Serpente como foco de meditação para facilitar a comunicação com sua Serpente interior. Comece com o Exercício das Três Respirações. Com um dedo, desenhe uma linha serpentina, começando no osso púbico até o peito. Talvez ajude molhar a ponta do dedo com seu óleo abençoado favorito ou água, ou ainda consagrar um pouco de azeite de oliva. Recite o poema do início deste capítulo e, em seguida, deite-se, de preferência com a cabeça voltada para o oeste e os pés para o leste. Visualize seu corpo se estendendo, abrangendo o globo terrestre, e relaxe. Preste atenção a todos os sinais, pensamentos, sons ou símbolos que vierem até você.

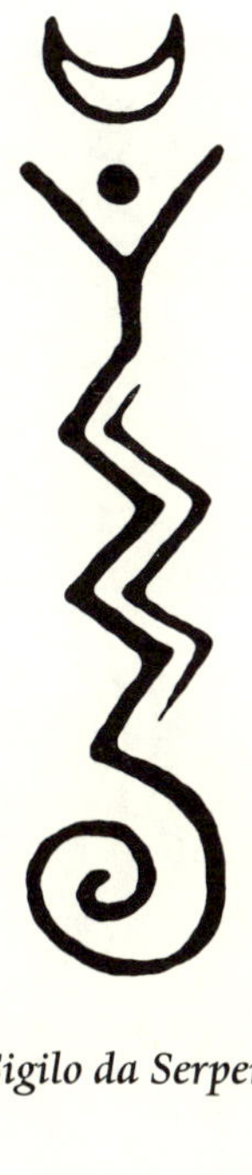

Sigilo da Serpente

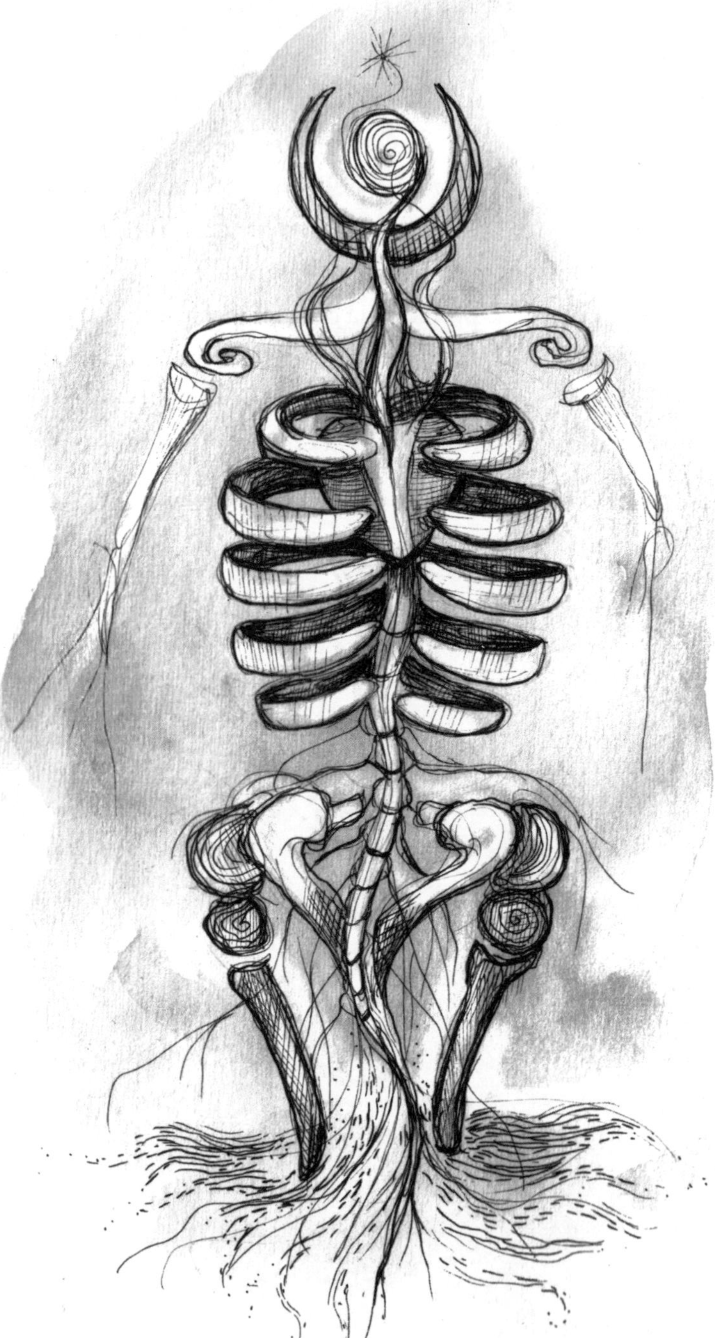

Capítulo 4

Os Ossos da Bruxa

Respiração e sangue, ritmo no osso cantado,
ciclo de morte e vida na pedra marcado.
Antes de nós vieram aqueles que sua marca deixaram,
Conjurando a luz e equilibrando a escuridão.
Caminhos já percorridos, novos caminhos ainda a trilhar,
Quando morrermos, que canção nossos ossos cantarão?

Ah, como nós, bruxas, amamos nossos ossos! Muitas vezes, os colocamos em nossos altares, os usamos para divinação, os transformamos em instrumentos musicais e até os cozinhamos em caldos curativos. Colecionamos ossos, decoramos e conversamos com eles. Talvez os amemos tanto por serem artefatos de espíritos encarnados que atravessaram o véu – aqueles seres que já viveram e respiraram como nós, mas que iniciaram outro ciclo.

Os restos de esqueletos são um lembrete de que a morte faz parte da vida. Essa estreita associação com a morte pode explicar por que muitas pessoas têm aversão a ossos. Uma vez que nosso espírito tenha saído do corpo, nossos ossos podem ser a única evidência física de que existimos.

Os ossos formam o sistema esquelético, que mantém a estrutura do corpo e de seus órgãos. Nossos ossos nos dão forma, protegem nossos órgãos internos e nos ajudam com a mobilidade. À medida que o sangue flui pelas veias e a respiração amplia o peito, o sistema esquelético está o tempo todo presente, dando forma ao nosso corpo para que possamos viver.

Os Ossos da Bruxa nos dão forma, estrutura e força para construir nossa prática, elaborando a tradição. Eles nos lembram do espaço liminar entre a vida e a morte, trazendo-nos a sabedoria dos ancestrais. Os Ossos da Bruxa nos contam histórias que se tornam as canções que cantamos nesta vida e levamos para a próxima. A terra sob nossos pés é composta por aqueles que vieram antes de nós, e define o espaço que compartilhamos com os demais.

O Imperador

Sobre os ombros de gigantes

A Imperatriz trouxe uma visão das partes mais primitivas, intuitivas e emocionais de si mesma. Agora, você está saindo de suas águas serpentinas para pisar na terra do Imperador. Eles são complementares, já que a Imperatriz tem a ver com sensualidade e criatividade, e o Imperador tem a ver com estrutura e estabilidade. O número 4 está relacionado a temas como equilíbrio e alicerce, o que se incorpora ao simbolismo do Imperador como líder e figura de autoridade. Ele faz você relembrar de onde veio – apenas para observar a tradição, mas não para se atrelar a ela cegamente. O Imperador protege sem confinar.

As tradições do passado funcionam como estrutura para a bruxa construir uma prática viva. Os Ossos da Bruxa formam o tear sobre o qual se tece a prática. Quando a estrutura não é forte ou as diretrizes são ignoradas, o trabalho corre o risco de ficar instável e acabar distorcido. O Imperador facilita a familiarização com o tear, para que você se concentre no padrão que está tecendo e, assim, manifeste seus sonhos na realidade.

O caminho do osso

Com o Coração da Bruxa, reconhecemos como o sangue representa o ritual que pulsa em nossa vida. Mas de onde vem o sangue? Nossas células sanguíneas são, na verdade, produzidas em nossos ossos.

Portanto, os ossos criam a essência que flui pelo nosso coração. No sentido mágico, como os ossos nos dão estrutura e constroem nosso sangue, os Ossos da Bruxa representam essencialmente a tradição. Nosso sangue e nossos ossos estão ligados, assim como os trabalhos e as práticas em nosso caminho. O sangue sustenta a tradição, assim como a tradição cria o ritual. Tradições, rituais, trabalhos e práticas – todos se entrelaçam para dar forma ao nosso caminho.

A tendência é pensarmos na tradição como algo rígido e seco, como ossos velhos. Mas, na realidade, a tradição tem a ver principalmente com a construção de força e a manutenção do fluxo, de forma simultânea. A tradição precisa conseguir se ajustar às nossas necessidades e, ao mesmo tempo, nos dar uma estrutura para seguir. Quando não se permite que a tradição cresça e mude dentro do razoável, ela pode acabar se tornando problemática e até prejudicial. Considere nossos ossos. Quando estamos nos formando, no útero, somos flexíveis e maleáveis de muitas maneiras. Com o tempo, grande parte de nossa cartilagem se transforma em ossos, solidificando nossa forma. Sem nutrientes e exercícios adequados no desenvolvimento inicial, nossos ossos podem ficar fracos ou até mesmo malformados, prejudicando nosso crescimento. Ao envelhecer, não estamos livres de problemas relacionados a eles. Ainda precisamos conferir se estamos recebendo as vitaminas e fazendo os exercícios necessários para manter uma boa saúde. Podemos até experimentar novos alimentos e *hobbies* à medida que envelhecemos, para diversificar nosso autocuidado e assegurar que estamos recebendo o que nosso corpo precisa em decorrência das mudanças que vêm com a idade.

Se paramos para pensar nos padrões com os quais nos cercamos todos os dias, percebemos que, como os ossos, esses padrões podem ser fortes e nos sustentar, dando-nos forma, estrutura e propósito. Mas nossos padrões também podem nos deformar, dificultando nosso crescimento e nos impedindo de explorar novas possibilidades. Se formos muito restritivas, perderemos oportunidades e ideias novas. Se formos abertas demais, será difícil realizar algo significativo. As tradições podem reforçar os padrões que iluminam nosso caminho com o equilíbrio certo de força e fluidez.

Em meu livro *Weave the Liminal (*Tecer o liminar*)*, apresento o conceito de *RITES* (RITOS, em português) para ajudar as Bruxas Tradicionais Modernas a criarem práticas autênticas para si mesmas. Os RITOS também alimentam os Ossos da Bruxa, ajudando a fortalecer, estruturar e direcionar sua prática. Os RITOS consistem no seguinte:

- *Raízes*: origens, mito, folclore
- *Inspiração:* influências e fatores principais
- *Tempo*: estações e horários
- *Ambiente:* localização e fundação
- *Estrela:* orientação, moral e ética

Também dá para alinhar os RITOS com a anatomia da bruxa se refletirmos sobre os diferentes componentes. Assim como os sistemas do nosso corpo, nenhum corpo de bruxa está relacionado apenas a um aspecto específico. Por exemplo, Raízes e Ambiente são encontrados nos Ossos da Bruxa, enquanto Inspiração e Tempo podem ser aplicados ao Coração da Bruxa. Ao trabalhar com cada aspecto da anatomia, considere onde ele se encaixa nos RITOS. Essa visualização contribui para aprimorar sua visão de como tudo se conecta à medida que você constrói seu caminho.

Mas e se algo não parecer certo? Muitas vezes podemos sentir que há algo fora do lugar em nossa prática, embora possa ser difícil corrigir isso de fato, por uma série de razões. Talvez confiemos mais na opinião de outras pessoas do que em nosso instinto, e nos apeguemos a uma tradição que nos sufoca. Talvez não nos sintamos confiantes o suficiente para acreditar que somos capazes de fazer a diferença e, por isso, evitamos ou tememos fazer mudanças. Ou podemos pensar que, se já nos comprometemos, talvez possamos dar um pouco mais de tempo e ver o que acontece. Porém, mais cedo ou mais tarde, você perceberá que deveria ter ouvido a si mesma. Em vez de se preocupar com custos irrecuperáveis ou arriscar ferir seu ego, é melhor seguir em frente.

Outra situação complicada surge quando discordamos de certas práticas, sobretudo no que se refere à melhor maneira de fazer algo. Embora a comunicação seja um aspecto dos Pulmões da Bruxa, essas discordâncias tendem a se originar nos Ossos. O problema mais comum que vejo é a estática entre bruxas mais jovens e mais velhas. As bruxas jovens querem experimentar algo novo ou encontrar seu caminho, mas não querem que lhes digam que estão fazendo algo errado. As bruxas mais velhas estão tentando oferecer orientação, mas sentem que estão sendo desrespeitadas quando encontram resistência ou dizem que são elas que estão fazendo errado. Ambas têm pontos positivos, mas nenhuma delas está realmente se comunicando – elas estão ouvindo apenas parte da mensagem. A experiência vem com a experimentação, e a força vem do fato de sermos flexíveis o suficiente para estarmos sempre abertas a novas sabedorias. O ponto em que dizemos que sabemos tudo é quando não sabemos nada. Os dois grupos se beneficiam ao aprender um com o outro, promovendo o respeito mútuo. A melhor maneira de ajuda mútua é dizer: "Vejo que você está fazendo x. Poderia me dizer como ou por que está fazendo isso? Eu costumo abordar as coisas dessa maneira". Isso abre a porta para que a tradição se desenvolva e flua em ambas as direções. Quando você não tem certeza se está no caminho certo ou se está fazendo a coisa certa, é preciso ter cuidado.

Reserve um momento em sua prática para avaliar a situação. Faça uma lista dos benefícios claramente visíveis, bem como dos perigos em potencial. Em seguida, considere como essas coisas podem se desenvolver no futuro. Verifique qual era a meta inicial e veja se ela ainda está corretamente alinhada. Se não estiver, avalie o motivo.

Alinhando os corpos

Ocasionalmente, seu corpo físico e seu corpo simbólico podem ficar desalinhados. Um pequeno ajuste e um pouco mais de consciência bastam para realinhar o corpo físico, o que acaba ajudando também o corpo espiritual. Conduzo todos os meus alunos por uma variação do exercício a seguir, seja quando estou dando uma aula de dança formal ou quando estamos explorando a técnica do ritual. Também utilizo esse exercício em rituais de grupo para colocar todos no mesmo estado de espírito. Use alguma música instrumental com batida lenta e constante, ou uma que vá aumentando lentamente até atingir uma velocidade confortável para você (e para os outros participantes, se estiver fazendo isso com um grupo). Mais importante ainda, ouça seu corpo ao realizar esse exercício. Se algo for desconfortável ou causar dor, interrompa.

Para começar, posicione-se em pé, de preferência sem sapatos (meias tudo bem). Caso não seja possível ficar em pé, sentada também serve.

Faça o Exercício das Três Respirações.

Concentre-se em seus pés. Equilibre seu peso de modo a passar dos artelhos (os dedos) às plantas dos pés, passando para os calcanhares e voltando, lenta e suavemente. Se estiver sentada, flexione suavemente os tornozelos para rolar os pés no chão da mesma maneira. Leve em consideração a textura do piso ao fazer esses movimentos.

Concentre-se nos pés, nos tornozelos e nos músculos da panturrilha. Contraia e solte os músculos das panturrilhas, sentindo a força na parte inferior das pernas.

Em seguida, dobre e endireite suavemente os joelhos, sem travá-los. Deixe que eles fiquem fluidos e macios, como o movimento do oceano. Seus joelhos são um ponto de encontro.

Partindo dos joelhos, considere a parte da frente das coxas (os quadríceps) e a parte de trás (os glúteos), um osso do fêmur entre cada. Colocar as mãos sobre esses músculos enquanto os flexiona ajuda muito.

Suba até a pélvis e deixe os quadris ficarem em uma posição neutra. Isso se consegue com a ativação dos músculos abdominais inferiores. Uma maneira simples de localizar e acionar esses músculos é pensar em proteger seu estômago de alguém que tente atingi-lo.

Verifique novamente o resto do seu corpo que cobrimos até agora: pés, panturrilhas, joelhos, quadríceps e glúteos. Em seguida, concentre-se na barriga. Inspire fundo e visualize seu umbigo como local de nidificação da Serpente.

Conduza o foco à caixa torácica, onde fica o esterno ou o osso do peito. O Coração e os Pulmões da bruxa estão protegidos em seu interior. Certifique-se de que seus ombros não estejam curvados nem para a frente nem para trás. Utilize a técnica Respire Melhor, do capítulo 1, para ajustar sua postura e conseguir uma respiração mais eficaz. Sinta o peito se expandindo e o coração batendo à medida que você respira.

Ao expirar, ajuste os ombros novamente com um pequeno giro ou balanço. Em seguida, começando pelos cotovelos, mova os braços para fora do corpo em cada lado (como um T com ponta caída ou uma flecha). Continue o movimento para fora com os pulsos e estenda-o até a ponta dos dedos. Traga os braços de volta para dentro, relaxe-os e visualize-os se reacomodando nas clavículas e no esterno.

Em seguida, mova sua atenção do peito para a coluna vertebral, que sobe pelo pescoço e se conecta ao crânio. Certifique-se de que a cabeça esteja centralizada em relação ao corpo, sem se inclinar para frente nem relaxar demais para trás. Inspire e projete o ar para cima através da parte superior do crânio, visualmente alcançando o céu com a respiração.

Absorva a presença de todo o seu corpo, desde o topo do crânio até os pequenos ossos dos pés. Inspire novamente e envie a respiração pela coluna vertebral, reconhecendo os Pulmões da Bruxa, o Coração e a Serpente ao longo do caminho. Você deve sentir uma conexão desde o topo da cabeça até os pés.

Faça esse exercício no início do dia para reorientar e despertar seu corpo, e à noite, antes de ir para a cama, para a aliviar a tensão e outros tipos de estresse que possam estar presentes no seu corpo.

A canção dos ossos

A expressão "sentir nos ossos"[14] significa saber ou acreditar em algo no âmago de seu ser. É mais do que um pensamento fugaz ou uma emoção superficial. Essa expressão evoca uma sensação de que

---

14. Equivalente à expressão em português "sentir na pele".

algo é parte vital de você – talvez seja a sua própria essência. Pode também se referir à sabedoria de sua herança ou de seus ancestrais que chega até você.

Será que associamos os ossos aos nossos ancestrais por causa da capacidade do esqueleto de permanecer por muito tempo depois de nossa morte? Ou há algo a ser dito também sobre o sangue de nossos ancestrais que flui dentro de nós – feito por nossos ossos? Ambas são considerações razoáveis. Nós existimos por causa de nossos antepassados. O DNA deles é parte de quem somos e, se tivermos filhos, eles também o receberão. Pesquisas e teorias sobre memória ancestral ou genética sugerem que nossos genes e células também carregam espírito, sabedoria e experiência. Podemos recorrer aos Ossos da Bruxa para navegar e acessar essas informações, além de fazer contato mais direto com nossos antepassados.

Agora, lidar com antepassados, às vezes, é uma tarefa complicada. Talvez você não conheça sua herança, ou talvez não se dê bem com sua família. Seus antepassados a conhecem, mesmo que você não os conheça. E você ainda pode recorrer à sabedoria deles, mesmo que não saiba seus nomes ou origens. Não se surpreenda quando, depois de entrar em contato com eles, alguns se apresentarem e revelarem mais informações sobre eles mesmos e, por sua vez, sobre você!

No caso de antepassados com os quais você não se dava bem ou que você acredita não terem sido ótimas pessoas, saiba que não é necessário lidar com ninguém contra a vontade. Uma opção seria dizer "não" aos antepassados, espíritos e demais entidades. Mas não se pode esquecer que é perfeitamente possível que essas pessoas problemáticas, já falecidas, assumam uma perspectiva diferente da vida após a morte. Ao fazer a transição para o próximo nível, os mortos podem perder apegos que os impediram de viver, inclusive alguns dos pedaços mais pesados do ego, ganhando uma visão mais clara sobre os fios que nos conectam a todos. As pessoas podem se preocupar em trabalhar com o espírito de um ente querido falecido que tenha sido um cristão devoto ou participante de outra religião que não veja a bruxaria com bons olhos. Mais uma vez, acho que a maioria dos espíritos, depois de deixar seu corpo físico, adquire um senso mais amplo de como o mundo funciona, para além das restrições e dos estereótipos anteriormente mantidos. Descobri que isso é verdade com meus avós maternos, de quem eu era muito próxima, e até mesmo com bisavós que nunca conheci. Eles podem ser ótimos auxiliares e guias em sua prática.

Encontrar a canção de nossos ossos ajuda a curar as feridas do passado e a desenvolver nosso trabalho. Não estou dizendo que é sua função consertar seus antepassados, mas sim que é preciso enxergar esse trabalho como uma oportunidade de se fortalecer e de ganhar sabedoria para seguir adiante. Afinal, muitos dos rituais de morte e dos antepassados que fazemos como parte de nossa cultura são mais para nosso próprio benefício do que para o falecido. Parte de nós reconhece que, se nos lembrarmos daqueles que já faleceram, talvez nós também sejamos lembrados. As práticas podem se tornar parte de uma tradição voltada aos mortos, mas também servem aos vivos. Nós os honramos e assim honramos a nós mesmas. Na verdade, não há nada a perder e muito a ganhar ao abrir a porta para aqueles que vieram antes de você. Eles já vivem em seus ossos, então por que não usar essa força?

Ritual de Chamada dos Ossos

Esse ritual é usado para se conectar com seus antepassados e com os Poderosos Mortos – aqueles que já faleceram, com os quais você pode não ter parentesco, mas que servem de inspiração.

Se você planeja invocar um ancestral ou espírito específico, sugiro que faça um altar para recebê-lo. Coloque nele agrados, como uma foto ou uma imagem do ancestral ou espírito (caso tenha), algo que tenham lhe dado etc. Por exemplo, se eu fosse invocar minha avó, poderia colocar os seguintes itens no altar:

- Uma vela (e um suporte)
- Uma foto da minha avó
- Uma joia que ela me deu
- Sua flor ou erva favorita
- Uma guloseima que ela gostava de comer
- Uma oferta de sua bebida preferida
- Todos os itens acima, situados em uma das roupas de cama que herdei dela

Para começar, realize as Três Respirações e crie um espaço mágico e acolhedor para seu(s) convidado(s). Acenda a vela e sente-se diante do altar. Faça a invocação que melhor se adapte a quem você deseja se dirigir (usando as duas invocações a seguir como exemplo) e, em seguida, medite diante do altar ou faça uma divinação. Também vale a pena elaborar sua invocação para se dirigir a um espírito ou ancestral específico.

Chamado do Antepassado

Chamo os que me antecederam,
Cujo sangue corre em minhas veias,
Cujo corpo fez meus ossos,
Cuja respiração me deu a vida,
Cujo espírito guia o meu.
Venha estar comigo aqui agora!

Chamado dos Poderosos Mortos

Chamo os que me antecederam,
Que esse caminho antes de mim trilharam
Com força, graça e sabedoria.
Eu honro sua memória.
Venha dançar comigo hoje à noite!

Se você não sentir que foi feita uma conexão no ritual, preste atenção aos seus sonhos. Além disso, atente a sinais interessantes no futuro, como moedas que aparecem em lugares estranhos, o cheiro do perfume característico da pessoa ou símbolos de sua infância que você associa a ela.

Conectando-se com os espíritos do local

A terra em que vivemos influencia diretamente nossa prática. Ela é literalmente o alicerce, o solo sobre o qual construímos. O que consumimos da terra torna-se parte de nosso corpo. Quando morremos, voltamos para a terra. Nossos arredores, nosso ambiente, nossas esferas de existência são o nosso mundo – os fenômenos naturais e os criados pelo homem. Temos a tendência de pensar que a bruxa está na natureza, esquecendo que os ambientes urbanos também têm seu próprio espírito. Tanto os lugares em que nos encontramos quanto os espaços que criamos têm poder. O poder desses lugares pode nos abastecer ou nos esgotar, dependendo de como interagimos com eles. É por isso que estamos abordando essas energias com os Ossos da Bruxa.

A interação com os espíritos do lugar começa com o reconhecimento deles. Na verdade, há várias camadas de espíritos e energias com as quais se pode trabalhar em determinado local. As pessoas, em geral, cometem o erro de identificar os espíritos de um local como sendo uma entidade solitária, mas eles são mais como um coletivo, composto de muitos indivíduos que fazem parte de uma forma maior. Pense em uma cidade de médio a grande porte. Não importa em qual cidade você esteja pensando, garanto que ela tem bairros distintos, geralmente com seus nomes pelos quais são mais conhecidos. O endereço postal pode indicar o nome da cidade, mas quando você vai àquela área, é provável que diga que está indo para East Side, The Battery ou College Hill. Cada uma dessas áreas é composta de ruas com suas próprias vibrações, além de residências, empresas e espaços públicos. Cada um desses edifícios e lugares é único – e cada um deles tem seções menores que também são distintas. Além disso, há as pessoas, as plantas, os animais e outros seres que vivem nesses lugares. É assim que os espíritos do lugar funcionam.

Pode parecer complicado, mas penso que o melhor lugar para começar é nossa própria casa, trabalhando a partir daí – literalmente. Recomendo que você se sente no chão, no centro do espaço (se possível), crie sua esfera mágica, acenda uma vela (sobretudo para melhorar o humor e o foco), feche os olhos, respire e alcance o espaço em sua mente. Comece em seu apartamento ou casa e sinta a energia do ambiente[15]. Ele tem seu próprio espírito, composto em grande parte pelas energias de quem construiu o espaço, de quem viveu lá antes de você e de quem vive lá agora. Diga olá e se apresente. Em seguida, saia e alcance o lote de terra em que o edifício está localizado. A seguir, passe para o quarteirão em que você mora, o bairro, e assim por diante. Vá tão longe quanto se sentir confortável em sua área. Costumo escolher com antecedência cerca de quatro pontos que correspondem a marcos naturais ou feitos pelo ser humano em minha área e que também podem se alinhar com as direções cardeais. Por exemplo, esses marcos podem ser corpos d'água, montanhas, monumentos, esculturas, pontes, parques ou florestas. Se esses lugares tiverem significado especial para você, isso tende a tornar o exercício um pouco mais pessoal e profundo.

É possível encontrar surpresas ao longo do caminho, como entidades ou energias que você nem sabia que existiam. Lembre-se de manter uma atitude respeitosa. Também recomendo visitar pessoalmente os locais em sua área e conectar-se com eles. Considere deixar uma oferenda ambientalmente segura e não pegue nada sem pedir permissão, por mais irrelevante que pareça, como uma pedra, um punhado de terra ou uma flor. Se você não tiver certeza do que deixar como oferenda, diga simplesmente: "Eu o reconheço e aprecio". Tirar fotos também é uma forma não invasiva de guardar lembranças do lugar.

15. Se você estiver em um apartamento, a próxima coisa a fazer, após entrar em contato com ele, é reconhecer o prédio do qual faz parte. Daí, prossiga para o terreno em que ele se encontra.

Mais uma vez, talvez tudo isso pareça complicado, mas é importante começar com algo pequeno e local. Familiarize-se com os espíritos fundadores do lugar onde você mora, pouco a pouco. É preciso mínimo esforço para estar mais consciente do que está ao seu redor e se comunicar com tudo isso. O simples fato de respirar, dizer oi e ouvir um pouco é um bom começo.

Casas com bons ossos

Já que estamos abordando os espíritos do lugar, seria bom pensar de modo um pouco mais consciente sobre sua residência imediata e as energias que a compõem. Se as coisas parecerem um pouco fora de ordem, o que fazer?

É um equívoco comum pensar que, enquanto bruxas, quando nos mudamos para um novo lugar, a primeira coisa que deveríamos fazer seria limpá-lo completamente. É provável que você tenha reagido positivamente a esse local e o tenha escolhido por causa da boa sensação que ele proporcionou – o que se deve às vibrações que já estavam ali. Você vai acrescentar as suas vibrações à mistura, mas isso não significa que seja necessário limpar o ambiente. Não é preciso executar uma limpeza espiritual dura e estéril. Isso vale para quando seu espaço precisar de um ajuste mais adiante.

Por exemplo, moro em uma casa construída em 1927. Não é muito antiga em comparação à maioria das casas da Nova Inglaterra (a cidade de Providence, em Rhode Island, foi fundada em 1636!), mas tem certa idade. Quando meu parceiro e eu visitamos a casa, ambos tivemos a sensação de que ela era como "um abraço caloroso e envolvente". Ela transmitia a energia de ter sido cuidada e, como seus novos proprietários, queríamos reconhecer o espírito de cuidado que havia nela, além de dizer que desejávamos continuar construindo seu legado. Portanto, enquanto eu limpava a casa para que pudéssemos nos instalar, também fiz trabalhos para nos apresentarmos à casa, o que se mostrou extremamente útil.

Por sua vez, a casa que alugamos em Seattle foi construída por volta de 1901. Ela já havia recebido muitos estudantes universitários e, sem dúvida, abrigou relacionamentos tumultuados. Embora a energia da casa não fosse exatamente ruim, ela parecia absolutamente insegura, inquieta e um pouco desconfiada. Havia, claramente, um espírito de zelador, mas parecia um velho rabugento preparado para lidar com mais problemas. Fiz uma limpeza física bem completa na casa, lavando tudo, do teto ao chão. Em seguida, eliminei as entidades espirituais instáveis e os resíduos, enquanto tentava fazer uma trégua com a energia do velho (e os gatos fantasmas residentes). Depois de ficarmos lá por um tempinho, o mal-estar diminuiu e um senso de apreciação se instalou. Entretanto, de tempos em tempos – especialmente quando estávamos viajando há algum tempo ou quando as coisas ficavam um pouco bagunçadas porque estávamos ocupados trabalhando –, algo estranho ocorria. Felizmente, nunca foi algo grave ou que não pudesse ser consertado rapidamente, mas com certeza havia um padrão. Porém, considerando que os resultados poderiam ter sido muito piores (como quando a caixa elétrica foi inundada ou o aquecedor queimou misteriosamente), também sinto que havia uma preocupação geral em manter a casa intacta e estável. Isso nos estressou, mas, no final, a casa foi aprimorada.

Meu parceiro, Nathan (taurino), diz que fica mais feliz em casa quando (e cito o próprio) "tudo está em seu lugar". Para ele, é difícil compor e criar em meio a caixas, pilhas de coisas e outras bagunças. Isso não quer dizer que não haverá uma grande bagunça quando o trabalho estiver realmente acontecendo – pois haverá instrumentos e livros por toda parte. Mas, para que ele comece a trabalhar, para que se sinta à vontade e motivado, o espaço precisa estar organizado. Eu também sou assim em relação ao meu estúdio e ao início de novos projetos.

Se fizer um ritual de limpeza no banheiro ou preparar uma refeição mágica na cozinha, será melhor limpar fisicamente e organizar o espaço primeiro. Por quê? As coisas fluem melhor, o espaço parece revigorado e completo, sem bagunça para distrair. Isso demonstra respeito não apenas por seu trabalho, mas também pelo espaço onde trabalha, bem como por si mesma. Sempre que chego em casa depois de uma turnê, não importa o quanto a babá do gato tenha deixado a casa limpa: ainda preciso limpar e guardar tudo para recuperar a sensação de ordem e bem-estar.

Organizar as coisas, perceber o que é útil, importante e/ou significativo para você, pode melhorar praticamente tudo. Embora a limpeza da casa não seja a cura para os males de todos, ela pode reduzir bastante a ansiedade e a depressão de algumas pessoas, além de nos dar uma sensação de controle sobre nosso ambiente – ou, melhor ainda, uma sensação de ter mais impacto sobre ele. Isso é algo que posso atestar pessoalmente. Colocar as coisas em ordem não significa jogar tudo fora ou perder sua personalidade ou a identidade que talvez você associe a certos objetos. É uma oportunidade de fazer a curadoria de suas coleções, renovar o espaço do altar, estabelecer proteções e guardas e experimentar coisas novas.

BRUXESGO
Reequilibrando a casa

Quando sinto que as coisas estão fora de ordem em minha casa, vou primeiro ao nosso altar da lareira, mesmo que outra área esteja gerando a energia preocupante. A lareira é, em essência, o centro da nossa casa e da nossa prática, portanto, ela define a vibração e a base para o resto dos ambientes.

Certifico-me de que o altar esteja limpo e tenha velas e oferendas frescas, e acendo um incenso. Então arrumo outras partes da casa até que as coisas melhorem. Aqui está um pequeno encanto para você pensar ao fazer isso:

Tudo tem sua ordem e seu lugar.
Esvazie espaços que não precisa ocupar.

Ossos quebrados

Nossos ossos são fortes e flexíveis, mas não são invencíveis. Seja por um acidente ou impacto, o osso às vezes é submetido a mais estresse ou pressão do que pode suportar, causando sua quebra. E como isso se traduz em nosso corpo mágico? Quebrar ossos mágicos pode significar romper com uma tradição, separar-se de um grupo, sofrer esgotamento ou cometer um erro capcioso em sua prática.

Quando quebramos um osso de verdade, o procedimento é fazer um raio-x para ver onde está o problema, reposicionar o osso, imobilizar com um gesso e, a partir daí, descansar e ter paciência enquanto ele se recupera. O mesmo conselho se aplica quando quebramos nossos ossos mágicos. Devemos avaliar a fratura, determinar o melhor curso de ação (consertar ou descartar), buscar apoio e assistência para encontrar o caminho e, sobretudo, o espaço para nos curarmos.

Embora o melhor remédio para ossos quebrados seja tempo e paciência, é importante não deixar que o medo nos impeça de avançar. Quando sofremos algum tipo de ferimento ou trauma, talvez evitemos tentar qualquer outra coisa de novo. Podemos acabar com medo de confiar em nós mesmas ou em qualquer outra pessoa. Tudo bem ser cautelosa ou até mesmo desconfiada. Há lições a serem aprendidas quando quebramos ossos – o que inclui conhecer os sinais de alerta para que o incidente não se repita.

Caso se sinta insegura, lembre-se dos Pulmões da Bruxa, do Coração e da Serpente. Respire e reconheça a soberania de si mesma, encontre seu ritmo e lembre-se do que a motiva; ouça sua intuição e tome as precauções necessárias. Você estará pronta para tentar novamente, mas agora com mais sabedoria e discernimento.

Sigilo dos Ossos da Bruxa

Use o Sigilo dos Ossos da Bruxa como foco de meditação para se conectar com a tradição e a sabedoria ancestral. Comece com o Exercício das Três Respirações e, em seguida, desenhe o sigilo em um pedaço de papel. Outra opção é pintar o sigilo em um osso que você tenha encontrado ou recebido de presente. Coloque o papel ou o osso em seu altar e acenda uma pequena vela. Recite o poema do início deste capítulo. Em seguida, prossiga com o exercício de Alinhamento dos Corpos enquanto se concentra no sigilo.

Sigilo dos Ossos da Bruxa

Capítulo 5
A tecelã

Somos o tecido e a tecelã,
Trama e urdidura, todo o padrão que vemos.
Em nossos corações enrolada e por nossas mãos arranjada,
Pulsa a eletricidade em terras ancestrais.
Espaços liminares, hora mágica,
Invocação de espíritos, poder do caldeirão.

A Tecelã não apenas trabalha com os fios de um tear, criando um padrão à medida que avança, mas também sabe a cor e o peso de cada fio, muitas vezes apenas pelo tato. Talvez até tenha sido ela quem coletou as fibras, transformou-as em fios e tingiu-as em um caldeirão. Durante todo esse processo, a Tecelã visualiza o que deseja criar no tear.

A Tecelã é a Mente da Bruxa, responsável por reunir as informações do restante da anatomia da bruxa, coletando, organizando e disseminando cada fio. É um caldeirão de criatividade, o solucionador de problemas, o *designer* e o controle da missão. A Mente da Bruxa também é o portal e o canal para o espírito.

Vamos descobrir mais sobre quem é a Tecelã e dar uma olhada no espetáculo elétrico que se dá em nossos nervos. Vamos viajar pelas estrelas para explorar a rede do corpo divino, o poder da memória, das emoções e dos nossos sentidos, e nos deleitar com a beleza da magia.

O Hierofante

A casa governada pelo espírito

O Imperador lhe deu estrutura e alicerce, enraizados na força da terra e combinados com os dons do ar, do fogo e da água. Agora, o quinto elemento surge com o Hierofante: o espírito. O Hierofante está aqui para trazer orientação e direção espiritual, para lembrá-la das ferramentas metafísicas e simbólicas que aguardam sua direção. O tear está pronto para receber sua tapeçaria. Entretanto, você não está aqui para seguir ordens espirituais de outra pessoa – o espírito que você encontra aqui é você mesma. A divindade que habita o templo é você.

Isso significa que cabe a você tomar as decisões. A carta do Hierofante tem o número 5, que no tarô representa o aprendizado dos prós e contras dos ciclos: quando eles são saudáveis e quando devemos mudá-los para nos libertarmos. Cabe a você, como divindade residente, observar os ciclos e círculos encontrados em seu corpo. Esse é o domínio do espírito.

O Hierofante pergunta: o que você leva das tradições que aprendeu com seus ossos e que novas tradições é preciso forjar na estrada pela frente? Que estrelas a guiarão em sua jornada? Que fibras você deve selecionar para tecer seu padrão forte? Você está pronta para ser a responsável?

Ei, material estelar

Como você já deve ter imaginado, a Mente da Bruxa é o cérebro da anatomia da bruxa, atuando como o centro de comando e controle do corpo. Assim como o cérebro funciona em nosso corpo coordenando as mensagens que recebe, a Mente da Bruxa coleta e processa informações de outras partes do corpo. Ela orienta nossas decisões e ajuda a colocar tudo em ordem. A Mente da Bruxa ilumina o resto do corpo e cria a órbita maior em que nos movemos – como o sol. Ela é a estrela que nos guia.

Neste momento, seu cérebro está enviando sinais por meio do sistema nervoso para o restante dos sistemas do seu corpo, que é composto por órgãos, feitos de tecidos, feitos de células. Essas pequenas células, com suas organelas ainda menores, estão fazendo seu trabalho. Essas células são compostas de átomos, que são compostos de partículas subatômicas em movimento. Esses mesmos tipos de partículas também são encontrados em tudo, desde a cadeira na qual você está sentada até a árvore lá fora, a montanha, o meteoro que passa, as luas que orbitam Júpiter e o próprio sol. Isso significa que você também – sim, você – é feita de material estelar.

Saindo um pouco do universo de nosso corpo, podemos nos ver como células que fazem parte de grupos (famílias e comunidades), que fazem parte de sistemas (cidades e estados) e corpos maiores (países), e assim por diante. Uma pessoa pode parecer pequena, mas, ainda assim, ser muito influente em seu caminho. Isso significa que o microcosmo (você) pode afetar e afeta o macrocosmo (o mundo). Você tem tanto impacto sobre o mundo ao seu redor quanto suas células têm sobre você – se não mais. Seu corpo é um universo no qual é você a divindade, sua própria nave estelar pessoal. Ele é seu: você mantém e controla seu corpo e o direciona da melhor maneira possível.

Magia e as carruagens elétricas do pensamento

Eu me pergunto se, quando o poeta Walt Whitman escreveu *I Sing the Body Electric* (Eu canto o corpo elétrico), ele conhecia algum conceito da eletricidade que percorre nosso corpo a cada momento de nossa vida. Ele de fato se identificava como humanista, que tem suas raízes na filosofia que enfatiza o valor e a capacidade de ação dos seres humanos (como indivíduos e como coletividade). O próprio poema elogia e honra o corpo humano e reconhece que a alma não está separada do corpo, mas é parte integrante dele. No final, ele escreve: “Oh, eu digo que estas não são apenas partes e poemas do

Corpo, mas também da Alma, / Digo mesmo que elas são a própria Alma!"[16]. Se nossas partes e palavras compõem tanto o corpo quanto a alma, então cantá-las de forma elétrica é falar da carga ou da faísca vital interna. Portanto, talvez Whitman soubesse, à sua maneira. Ele absolutamente tocou em um nervo, isso é certo.

Nossas células nervosas (ou neurônios) são mensageiras incríveis que trabalham em nossa própria superestrada da informação. Os neurônios emitem e recebem minúsculos impulsos elétricos por todo o corpo, transmitindo sinais e comandos nas sinapses. Estas são junções microscópicas – literalmente os espaços limítrofes entre as fibras de cada célula nervosa – onde os terminais do axônio transmitem informações para a próxima célula.

Esse fato me faz pensar em duas coisas incríveis. Primeiro, que na própria fibra de nosso ser existe uma rede de fios no espaço. Enquanto bruxa, vejo meu trabalho como uma tecelagem de fios – nós e tudo ao nosso redor somos fios em um tear universal, tecendo dentro e fora do tempo, do espaço e da consciência, com conexões e mudanças visíveis e invisíveis acontecendo dentro de nós e ao nosso redor. Em segundo lugar, em uma escala muito maior, novas descobertas no espaço sugerem que há estruturas gigantescas invisíveis, ou teias cósmicas, presentes em nossa galáxia, as quais deram-lhe massa e forma[17]. Pense nisso um pouco. Nosso corpo é formado por redes neurais; o universo é composto de teias cósmicas. Esses fios e conexões são visíveis e invisíveis e muito reais, a despeito de estarmos cientes deles ou não.

Eis outro aspecto fascinante: tendemos a associar o pensamento apenas ao nosso cérebro, mas e se considerarmos esses sinais e impulsos nervosos como pensamentos do resto do corpo? De fato,

---

16. Tradução de Ivo Barroso.

17. EUREKALERT! *Dark "Noodles" May Lurk in the Milky Way*. American Association for the Advancement of Science (AAAS). January 21, 2016. https:/ / www.eurekalert.org/ pub_releases/2016-01/ca-dm011416.php.

qual é a diferença (além da localização) entre os pensamentos que se originam em nossas mentes consciente, subconsciente e inconsciente e os sinais de nosso coração, pulmões, estômago e outros órgãos? Todos são impulsos elétricos transportados pelas células.

Há até evidências médicas para essa conexão, conforme descoberto nas experiências registradas em receptores de transplante de órgãos. O Medical Daily relata que "o coração, em última análise, armazena memórias por meio de [...] células nervosas. [...] Os comportamentos e as emoções adquiridos pelo receptor em relação ao doador original devem-se a [...] memórias armazenadas nos neurônios do órgão doado"[18]. Os pacientes receptores relataram mudanças de personalidade em "preferências alimentares, musicais, artísticas, sexuais, recreativas e profissionais, além de associações de nomes e experiências sensoriais" que eram paralelas às informações coletadas sobre o doador.

Se nossos órgãos estão pensando e causando mudanças em nosso corpo, então os pensamentos que se originam em nossa mente impactam não apenas a nós, mas também o mundo que nos cerca. Somos neurônios gigantes, enviamos sinais para espaços liminares – e os recebemos.

Os pensamentos têm poder. Essa é uma lição fundamental da magia: o que pensamos afeta a nós e o mundo ao nosso redor. Temos a tendência de desprezar o pensamento, mas considere o processo e os efeitos do pensamento, tanto intencional quanto inconsciente. A emoção combinada com o pensamento pode ter efeitos poderosos em nosso corpo, desde os efeitos prejudiciais do estresse até as recompensas da alegria e do êxtase. Se essas coisas "não físicas" podem ter um impacto dramático em nosso corpo, então por que nós não afetaríamos o resto do mundo? A linguagem corporal de uma pessoa irritada pode deixar

---

18. BORRELI, Lizette. *Can An Organ Transplant Change A Recipient's Personality? Cell Memory Theory Affirms "Yes"*. Medical Daily. July 9, 2013. https:/ / www.medicaldaily.com/can-organ--transplant-change-recipients-personality -cell-memory-theory-affirms-yes-247498.

todos nervosos, mesmo que ela não tenha dito uma palavra ou levantado o punho, da mesma forma que ver alguém dar um sorriso sincero pode trazer um sorriso aos nossos lábios. Sim, essas são pistas visuais, mas começam com o pensamento e o foco. Estamos transmitindo o pensamento em forma de nossas ideias e emoções, construindo, tecendo e mudando padrões à medida que vivemos.

Fazendo emoções e experiências

Ao reconhecermos a magia do pensamento, também encontramos poder em nossas emoções. Há muito tempo, a sociedade tem o péssimo hábito de minimizar e desprezar as emoções – ditando especialmente quem pode senti-las, quando, onde e por quê. Estereótipos tóxicos que exigem que os homens não chorem ou demonstrem "fraqueza" e que as mulheres não sejam agressivas ou fortes são altamente limitadores e prejudiciais. Subjugar e relegar as emoções é fisicamente prejudicial de muitas maneiras. Se estivermos livres para sentir e explorar as emoções, descobriremos que nossa mente e nosso corpo se sentem mais saudáveis.

Um dos meus podcasts favoritos é o Invisibilia, da NPR. Esse programa explora "as forças invisíveis que moldam o comportamento humano – coisas como ideias, crenças, suposições e emoções". Eu o recomendo muito se você, como eu, gosta de desvendar os mistérios da mente. Em 1º de junho de 2017, o Invisibilia lançou o primeiro de dois episódios focados em emoções, que é quando o trabalho de Lisa Feldman Barrett é apresentado. Barrett é professora de psicologia da Northeastern University, além de pesquisadora da Harvard Medical School e do Massachusetts General Hospital. Em uma entrevista à NPR, também divulgada no mesmo dia, ela disse: "Seu cérebro é organizado de forma a [fazer] suposições antecipadas sobre o que vai acontecer em seguida. E isso se passa totalmente fora de sua consciência. Você tem experiências passadas, e essas experiências são conectadas ao seu cérebro, e então seu cérebro usa essas experiências passadas para fazer suposições sobre o futuro imediato. Portanto, as emoções não estão acontecendo com você. Seu cérebro as cria quando você precisa delas. Você é arquiteta de sua própria experiência. Só que a maior parte disso está acontecendo fora de sua consciência"[19].

Nosso cérebro está constantemente selecionando as informações que recebe, criando a forma como enxergamos o mundo. Esses filtros e nossas respostas às nossas experiências são resultado da programação que adquirimos à medida que crescemos, a partir do que aprendemos e encontramos. A teoria de Barrett de que o cérebro é responsável por criar nossas emoções é outra oportunidade de encontrar poder nelas. As emoções podem parecer assustadoras porque nos fazem sentir fora de controle. Mas se procurarmos nos conectar mais plenamente conosco e estar mais presentes em nossas experiências, não seremos mais espectadoras. Como diz Barrett, nós nos tornamos as arquitetas. Temos o poder de construir nossas experiências se estivermos dispostas a dar o próximo passo. Isso não quer dizer que qualquer tipo de trabalho emocional seja fácil ou rápido – porque raramente é. Mas a mudança é possível se participarmos do trabalho.

Recebendo sinais: conectando-se com o divino

Então, seus órgãos estão pensando, seus neurônios estão enviando mensagens e você está mudando sua experiência por meio de suas ideias e emoções à medida que interage com a rede cósmica. Mas quem está realmente na torre de controle? Uma alma? Um deus? Um espírito? É hora de conhecer o aspecto divino de você mesma.

É possível praticar a bruxaria sem envolver deuses e deusas. Mas eu diria que é muito mais difícil trilhar esse caminho com eficácia sem ao menos reconhecer o espírito que habita em você. Quando você reconhece o autodivino como você mesma, fica muito mais fácil reconhecê-lo no mundo à sua volta – inclusive em outras pessoas, animais,

---

19. BARRET, Feldman Lisa "The Making of Emotions, from Pleasurable Fear to Bittersweet Relief," interview by Rebecca Hersher, NPR, June 1, 2017. https://www.npr.org/sections/health-shots/2017/06/01/530103479/the-making-of-emotions-from-pleasurable-fear-to-bittersweet-relief.

plantas, lugares e muito mais. O autodivino é a chave final para abrir as correntes que a mantiveram desconectada do mundo e de si mesma.

Visualize-se como um fio. Seu corpo contém uma extremidade do fio e o restante flui para fora de sua cabeça, muito além de você. Esse restante se conecta ao tear universal ou à teia cósmica. Mas o fio não é apenas um fio: é uma conexão com uma parte maior de nosso espírito. Seja se unindo a uma bola divina de fios divinos, a um salão de ancestrais ou a um computador gigante, é um meio de enviar e receber informações. Você é parte ativa do processo, totalmente integrada. Você de fato é a Tecelã e a teia, tudo ao mesmo tempo.

Pode parecer estranho ou até mesmo herético ver a si mesma como uma deusa ou reconhecer que a divindade está presente em você. Talvez você goste da ideia de vários deuses, mas ainda hesite em acreditar em sua própria natureza divina. É difícil superar uma vida inteira de doutrinação. No entanto, os mitos estão repletos da ideia de que deuses e outros seres divinos nos visitam de tempos em tempos. Eu diria que os santos, salvadores, semideuses e profetas em geral apontam mais para a evidência de que o divino está bem aqui. Talvez essa existência física seja apenas um ramo de um gigantesco filamento de DNA, mas você segue fazendo parte da estrutura em espiral que mantém tudo junto.

Conseguir reconhecer o divino dentro de si pode, por sua vez, melhorar seu relacionamento com divindades e outros seres espirituais. Você os verá espelhados em si mesma e vice-versa. O reconhecimento elimina mitos prejudiciais à saúde e permite crescer de novas maneiras. Por isso é tão importante que as pessoas possam ver imagens da divindade que reflete seu gênero, cor da pele, sexualidade e outras características definidoras. A representatividade é importante porque permite encontrar o divino em seu interior.

A divindade não tem a ver com alcançar ou existir como perfeição. A perfeição é um conceito estático e tacanho que é estranho em um universo em constante evolução e mudança. A divindade também não implica ser onisciente, todo-poderoso, ou ter poderes extraordinários. No entanto, o fato de você ser um espírito presente em um corpo é algo incrível e digno de ser revelado. O mundo é cheio de maravilhas e magia, e você tem um papel ativo se decidir participar. A divindade é encontrada em estar presente e em constante mudança – qualidades encontradas na anatomia da bruxa, como mais um lembrete de que você de fato pertence a este lugar.

Seja a Tecelã

Quando seus corpos estão alinhados, sua capacidade de se envolver com a magia é drasticamente aprimorada. Restam apenas algumas coisas que funcionam como obstáculos, porque há muita confusão por aí sobre como a magia funciona, o que é necessário para fazê-la e como fazê-la de forma ética. Toda essa bagunça pode fazer você hesitar em assumir o controle de seus fios e afirmar seu lugar como a Tecelã de sua existência.

Acho que a maioria das pessoas quer acreditar em magia, mas elas ouvem há tempo demais que a magia não é real, que é tudo fantasia, que elas são estranhas, anormais ou delirantes por sequer considerar isso. Quem se beneficia por você não sentir que pode afetar o mundo que a cerca? Quem pode controlá-la quando você transfere seu poder a outra pessoa? Pense nisso. Considere a encruzilhada de arte, ciência e magia que exploramos até agora e dê a si mesma a liberdade de possuir seu poder. Acredite em sua anatomia enquanto bruxa.

Muitas pessoas dizem que acreditam em magia, mas depois descartam seu próprio poder mágico, acreditando que ele existe em outras coisas e seres, e não nelas mesmas. É possível reunir todas as coisas, mas, se não acreditar na magia, é menos provável que obtenha os resultados que deseja. Um relógio quebrado está certo duas vezes por dia, mas, se não estiver funcionando, não estará realmente trabalhando em sua capacidade total. Basicamente, o material pode fazer com que *pareça* certo, mas cabe a você fazer a magia funcionar. Não me entenda mal – o material sem dúvida pode ter poder. Mas quando você dedica tempo para entender por que e como esses componentes externos funcionam, a mudança é muito mais significativa. Pense por que você escolheria uma planta, cor, aroma, mineral, data solar ou lunar em vez de outra. Qual é o significado e a importância desses elementos e alinhamentos? Além disso, considere a fonte – seja o folclore do feitiço que está usando, o local onde a planta cresceu ou a origem da rocha. Quanto mais ativamente você se envolver no processo, mais aumentará sua conexão e compreensão. Em essência, certifique-se de que você sabe por que escolheu determinados componentes, como eles funcionam e de onde vieram. Isso é especialmente útil quando se tem recursos limitados e, portanto, sabe se contentar com as coisas mais simples e acessíveis e obter os mesmos resultados.

O último obstáculo é lidar com a responsabilidade, a moral e a ética. A humanidade criou muitas regras e doutrinas ao longo da história. Muitas delas foram criadas com a intenção de ajudar a tornar a sociedade mais segura e saudável. Contudo, em muitos casos, determinar quem se beneficia dessas regras tem grande potencial de ser um ponto de discussão, dependendo de quem é restringido ou punido. É preciso considerar quem detém o poder e qual visão você está realmente seguindo.

Quando se trata de magia, há leis naturais e regras humanas. "A magia segue o caminho de menor resistência" é uma lei natural que se pode observar várias vezes. No entanto, as pessoas adoram impor as regras humanas umas às outras, em geral sem entender completamente do que estão falando. Volta e meia vemos pessoas na internet citando a "Rede" como motivo pelo qual não se deve fazer certos tipos de magia. Pouco se dão conta de que a Rede faz parte de uma coleção muito mais antiga e ampla de folclore, que tem como objetivo ajudar, e não estabelecer um conjunto de restrições.

A Lei Tríplice do Retorno, ou Regra de Três, atribuída à Rede Wicca, é uma dessas regras humanas que não foi derivada de forma tão elegante da lei natural. Encontramos menção à Lei Tríplice na coletânea *Rede Wicca,* de Gwen Thompson: "Tu deves atentar para a Lei Tríplice / três vezes ruim e três vezes boa"[20]. Vemos variações

---

20. MATHIESEN, Robert; THEITIC. *The Rede of the Wiccae: Adriana Porter, Gwen Thompson, and the Birth of a Tradition of Witchcraft.* Providence, RI: Olympian Press, 2005, p. 53.

do conceito no *Buckland's Complete Book of Witchcraft*, publicado em 1986, onde o autor discute carma, tríplice retribuição e retorno[21]. Na mesma época, Amber K introduziu uma versão de oito linhas da Rede, alterando o verso para "E sempre atente para a Regra dos Três: o que você envia, volta para você", publicado posteriormente em *True Magick*, em 1990[22].

Mas voltando à versão de Gwen, é fascinante notar que a tradição que envolve a Rede nunca descreve o que é a Lei Tríplice ou menciona algo sobre "retorno". Há várias outras descrições tríplices nos conhecimentos coletados dessa tradição, mas são ligadas à divindade e a outras revelações e, sobretudo, a noções esotéricas de mente, corpo e alma. No que diz respeito à Mente da Bruxa (e ao restante do corpo mágico), acho que isso é extremamente relevante para analisar a magia de forma revolucionária, o que é bem mais útil para os seus praticantes. Não acho que a Lei Tríplice, como foi originalmente mencionada na Rede de Gwen, tenha algo a ver com retribuição ou punição. Em vez disso, é preciso analisar a magia em termos de como ela afeta você fisicamente, mentalmente e espiritualmente – ou seja, três vezes. Quando você faz magia, deve levar em consideração como ela pode afetar seu corpo, sua mente e seu espírito, para melhor ou para pior. Por sua vez, suas ações têm efeitos no mundo real, alguns positivos, outros negativos – bons e ruins são uma questão de perspectiva.

Considere integrar outro conceito tríplice em sua prática mágica: passado, presente e futuro. Essa visão é útil para evitar fazer continuamente o que chamo de "triagem mágica". A triagem mágica consiste em correr de um problema ou crise para outro, tratando os sintomas em vez de identificar a causa raiz do problema. Se você puder dar um passo atrás para examinar um problema – ver o que levou a ele (o passado), considerar soluções imediatas (o presente) e traçar um

---

21. Raymond Buckland, *Buckland's Complete Book of Witchcraft* (St. Paul, MN: Llewellyn, 1986), 86. Tradução em Português: BUCKLAND, Raymond. *O livro completo de bruxaria de Buckland*. São Paulo: Pensamento, 2019.

22. K, Amber. *True Magick: A Beginner's Guide*. St. Paul, MN: Llewellyn, 1990.

curso para eliminar o problema no futuro (o futuro) –, seu trabalho se tornará bem mais eficaz.

Eis aqui um exemplo de triagem mágica em comparação a um trabalho mais enraizado. Digamos que você esteja com pouco dinheiro para pagar as contas. Você faz um feitiço rápido de dinheiro e recebe centenas de dólares. Ótimo, isso resolve temporariamente o problema de fluxo de caixa, mas você tem a sensação de que terá de lidar com esse mesmo problema de novo no próximo mês. A verdadeira razão pela qual você está com pouco dinheiro é que seu emprego não está pagando o suficiente ou talvez não ofereça benefícios que compensem suas despesas de vida e de saúde. É possível fazer um trabalho que lhe traga um emprego melhor ou que a ajude a negociar um aumento e melhores benefícios em seu cargo atual. Isso faria uma mudança mais significativa em sua vida no presente e no futuro próximo.

Mudar a abordagem, a forma como você faz magia, pode abrir possibilidades maiores. É um pouco como trabalhar com apenas duas cores de linha porque você não sabia que havia outras opções – e depois encontrar o armário de linhas que tem TODAS as cores. Pode haver maior responsabilidade por ter mais opções, mas você também terá mais oportunidades. Você aumentará sua percepção e fortalecerá suas habilidades de desenho metafísico. Quanto mais você exercitar a Tecelã, melhor será sua bruxaria.

Detalhes sensacionais

Considere esta rima, também de *The Rede of the Wiccae*: "Suave no olhar e leve no toque / Fale pouco, ouça muito"[23]. Repletas de sentidos, essas poucas palavras possuem muita sabedoria que vale a pena contemplar. "Suave no olhar" pode significar mudar sua visão para enxergar o mundo de forma diferente, mas também não tirar conclusões precipitadas sobre o que vê. Ser "leve no toque" significa ter uma abordagem gentil, porém firme, no que você faz, de modo

---

23. MATHIESEN; THEITIC. *The Rede of the Wiccae*, p. 52.

que possa ser receptiva a mudanças e observar a sensibilidade dos outros. "Fale pouco, ouça muito" permite a você observar mais o mundo e, ao mesmo tempo, ter um impacto mais preciso quando decidir ser ouvida.

Com frequência, acabamos ficando tão presas em nossa mente, que deixamos de prestar a devida atenção ao mundo ao nosso redor. A maioria dos segredos da bruxa se descobre simplesmente por meio da observação, prestando atenção aos padrões ao nosso redor. Isso inclui os padrões que acontecem em nosso corpo, que tendem a ser os que mais ignoramos. No entanto, a forma como vivenciamos o mundo depende muito de como vemos, sentimos, saboreamos e cheiramos o mundo à nossa volta. Se perdermos essas pistas cruciais – as que nos olham no espelho todos os dias –, o que mais perderemos?

Pode parecer óbvio dizer "Veja com os olhos e ouça com os ouvidos", mas poucas pessoas realmente prestam atenção ao que estão vendo ou ouvindo, sobretudo se estiverem concentradas no que vão falar em seguida, em vez de ouvir o que a outra pessoa está expressando no momento. As melhores conversas se desenvolvem lentamente e crescem com a exploração, em comparação àquelas em que estamos concentrados em tentar manter as expectativas e as gentilezas sociais. É um hábito difícil de abandonar, porque muitas vezes queremos ser reconhecidos pelo que estamos dizendo às custas de outra pessoa – que deseja exatamente o mesmo.

Nossos olhos são o sentido mais propenso a nos enganar, especialmente se estivermos nos baseando em apenas um olhar ou um movimento. Uma espiada em outros reinos e em seres de outro mundo, em geral, não acontece quando se está olhando diretamente para algo, mas sim quando se vislumbra ou se rastreia algo na periferia. É mais provável que olhar diretamente para o fenômeno o faça desaparecer. Portanto, em vez disso, devemos suavizar nosso olhar, permitindo que nossa visão interior e outros sentidos assumam o controle.

Sinto que metade do que as pessoas atribuem ao fato de serem sensitivas se deve ao hábito de prestar atenção aos detalhes e padrões que estão bem à sua frente. É muito fácil nos prendermos a nossos telefones, nos distrairmos com anúncios e com a mídia, ou talvez com o que outra pessoa disse, e, assim, perdermos a riqueza das pistas à nossa frente.

O que a natureza está fazendo?

Independentemente de você viver na natureza, nos subúrbios ou no coração de uma cidade, observe o céu, a temperatura e outros aspectos do clima, considere o cheiro do ar e veja o que as plantas, os animais e os insetos estão fazendo. Dê mais um passo adiante e veja como isso faz seu corpo se sentir. Mudanças na pressão barométrica podem causar dores de cabeça, enquanto a umidade pode fazer com que você se sinta pesada e uma tempestade iminente pode deixá-la ansiosa ou animada.

O que as pessoas estão fazendo?

Sem ser um incômodo social (ninguém gosta que fiquem encarando), gosto de observar o que as pessoas ao meu redor estão fazendo. O que elas estão vestindo? O que sua linguagem corporal diz? Em que tipo de humor elas parecem estar? Compare essas informações com quaisquer outros sentimentos que você possa estar tendo, trazidos pelos seus outros sentidos. Se algo parecer fora do comum, o que está causando essa sensação?

Ao interagir diretamente com as pessoas durante o meu dia, tento fazer contato visual enquanto me relaciono, se isso parecer apropriado, seguro e permitido. Tirar um momento para cumprimentar o barista, em vez de gritar seu pedido de café para ele, pode irritar a pessoa atrás de você, mas diz à pessoa à sua frente que você a aprecia e a reconhece como pessoa. Sei, como uma introvertida que luta contra a ansiedade social, que pode parecer assustador conversar com as pessoas, mas é um bom exercício para desenvolver a resiliência.

Há uma razão pela qual a coleta de detalhes é chamada de "prestar atenção" – você com certeza está gastando certo tempo e esforço fazendo isso. Mas o mais interessante é que, quanto mais você treina sua mente e seu corpo para perceber esses detalhes, mais automáticos eles se tornam. Você começará a perceber que está retendo mais informações do que antes, fazendo conexões mais rapidamente e até mesmo prevendo resultados ou soluções bem antes de todo mundo.

Sigilo para fortalecer a visão sensitiva

Este sigilo não lhe dará exatamente superpoderes sensitivos. Em vez disso, o que ele fará é ajudar sua Mente da Bruxa a reconhecer que você está buscando aprimorar e desenvolver o que já existe em sua casa do leme. Trabalhar com esse sigilo significa uma dedicação para prestar mais atenção aos pequenos detalhes. Para se familiarizar com esse sigilo, desenhe-o em uma vela roxa ou azul-escura na Lua Nova. Coloque um pouco de óleo de unção na ponta do dedo e toque o sigilo esculpido na vela, depois toque o dedo na têmpora/terceiro olho e diga:

Na escuridão da lua e na luz que se aproxima,
Busco o caminho que dá clareza ao enxergar.
Conhecimento e sabedoria, que a visão seja nítida,
Para que eu possa tecer fios distantes e próximos.
Que meu espírito interior me guie em verdade,
Abra meus olhos para a visão oculta.

Se quiser pedir ajuda a algum espírito, divindade ou antepassado específico, acrescente seu próprio verso ao final do amuleto para se dirigir a eles de forma adequada. Aqui está um exemplo:

Bisavó Sarah, eu a convido.
Venha estar ao meu lado nesta jornada.

Sigilo para aprimorar a visão astral

Escutando o silêncio

Lembro-me de quando era criança e perguntei a alguém: "Você também consegue ouvir o silêncio?". Isso soou estranho até para mim, assim que eu disse, e tenho certeza de que a pessoa simplesmente ignorou minhas palavras, tratando-as como coisa de criança. Talvez tenham respondido: "Sim, é um dia tranquilo". Mas eu não quis dizer que estava tudo tranquilo ou que não havia literalmente nenhum som. Estava me referindo a uma sensação que eu estava percebendo com os ouvidos. Era um lindo dia de primavera e, em nossa passarela, o mundo parecia contente e tranquilo. Parecia (sem ser um som audível) um zumbido ou uma respiração suave e contínua, mas não era feito por abelhas, pelo vento ou por folhas sussurrando. À medida que fui crescendo, estive em todos os tipos de lugares – dentro e fora de casa – que geram essa mesma sensação de silêncio. Atribuo isso a um estado espiritual coletivo de um lugar.

Descobri que outras bruxas também captam esse silêncio ressonante ou, pelo menos, o experimentam de maneira semelhante. Você também pode sentir. Você já ouviu alguém dizer: "Não gostei da sensação daquele cômodo" ou "Este lugar tem uma sensação tão boa"? Eles não estão falando sobre a decoração interna. Embora os elementos visuais possam, sem dúvida, criar uma resposta visceral – como uma sala de exames totalmente branca que parece estéril e fria, ou uma sala incrivelmente bagunçada que parece desorientadora –, geralmente há um sentimento subjacente que pode influenciar as atividades às quais você está respondendo na superfície. Esse sentimento provavelmente tem suas raízes em atividades humanas ou espirituais que aconteceram antes (recentemente ou ao longo de séculos, dependendo do que ocorreu) e que deixaram uma impressão mediúnica no local.

Entre em uma sala e coloque-se confortavelmente no centro dela (sentada ou em pé, não importa). Feche os olhos. Em sua mente, visualize a sala ao seu redor como ela está agora. Onde está a porta de entrada? Quantas janelas existem? De que é feita a superfície do piso? Quais são os móveis e objetos notáveis? Em seguida, ouça o recinto em si. Você consegue ouvir alguma coisa? É o rádio ou o ar-condicionado fazendo barulho – e você consegue sentir de onde ele vem? Consegue ouvir algo vindo de fora ou de outro cômodo? Há um cachorro roncando no ambiente? Há alguma coisa que a deixe desconfortável no quarto, ou você se sente confortável e segura?

Às vezes, é possível até invocar esse silêncio, se você se concentrar nele – é quase como abrir uma gravação em um dispositivo ou desligar ruídos extras até conseguir ouvir apenas esse nível de som. Acho que isso pode ser usado para meditação e para sintonizar-se com um espaço.

Lidando com afantasia

Algumas pessoas não têm o que costuma ser chamado de "olho da mente". Essa condição em que elas não conseguem visualizar imagens mentais é conhecida como *afantasia*. O cérebro delas processa as informações de modos diferentes.

Com isso em mente, reconheço que pode haver quem se sinta frustrada com os exercícios de visualização. Mas, sem dúvida, há outras maneiras igualmente eficazes de experimentar essas práticas. Processar as coisas de forma diferente das outras pessoas não torna sua magia menos eficaz. Acho fundamental entender que cada pessoa é única e que há muitos jeitos de ver, ouvir e sentir o mundo. O segredo é trabalhar com seus pontos fortes e encontrar conexões que funcionem para você.

Como artista visual, as imagens são obviamente meu lugar de prazer. Costumo ter um atraso no processamento auditivo, portanto, alguém que me diga como chegar é muito menos bem-sucedido do que aquele que me mostra um mapa ou pontos de referência. Meu parceiro tem dificuldade para visualizar, mas se eu fornecer uma imagem ou um conjunto de palavras descritivas, ele consegue criar música acessando a teoria musical e a qualidade emocional. Ele também é capaz de contar histórias incríveis por meio de canções e mapear aventuras para jogos de RPG. Portanto, é evidente que há várias maneiras de utilizar a imaginação e interagir com nossa mente.

Meditação, visualização, transe – todos esses são estados alterados da mente com características semelhantes. Todos podem experimentar o transe; faz parte do funcionamento de nosso cérebro. O problema é que temos muitas formas negativas ou aparentemente enfadonhas de descrever os diferentes estados de transe: sonhar acordado, distrair-se, perder o controle, estar no ritmo, ficar absorto em algo.

Além disso, especialmente nas comunidades mágicas, tendemos a associar os estados de transe a coisas extraordinárias, bem como à necessidade de usar substâncias para alcançar essas vivências divinas. Com frequência, ouço pessoas lamentando que talvez não tenham as habilidades mágicas certas porque não têm acesso aos efeitos especiais de filmes de Hollywood. Porém, se você se sentar e conversar um pouco, perceberá que elas de fato tiveram experiências extraordinárias – só não as reconheceram como tal porque não se encaixavam em suas expectativas ou não se pareciam com o que outra bruxa ou mago descreveu. Ou, ainda, as circunstâncias não pareciam particularmente especiais – por exemplo, sentar-se à escrivaninha, em vez de estar nua, dançando ao redor de uma fogueira, coberta de suor e gordura de ervas. Tudo se resume a criar uma prática e permitir a conscientização.

O transe é o resultado de estar em sincronia com o universo e fora de sincronia com o paradigma social percebido ou esperado. Tudo isso faz parte do mesmo universo, afinal, somos todos feitos da mesma matéria-prima. O que é diferente é a forma como nos relacionamos e processamos o mundo ao nosso redor. Às vezes, tudo o que você precisa fazer é dar mais um passo para fora de sua rotina regular e olhar para o normal um pouco fora de foco e, de repente, verá as coisas de um modo distinto. A barreira é, em grande parte, o espaço entre a expectativa e a realidade. Acho que muitas pessoas desconsideram suas habilidades e seu poder de manifestar magia no mundo à sua volta. Se você observar o comum por tempo suficiente, poderá começar a ver os espaços entre ele e, sem expectativas, poderá de fato vivenciar o extraordinário.

A despeito de como suas vias neurais são tricotadas, você é a tecelã de seu próprio caminho e padrão. A maneira como você vê o mundo é exclusiva de sua experiência – ela não pode e não será exatamente igual à de nenhuma outra pessoa. Isso significa que como e o que você tece depende totalmente de você, assim como seu estilo de trabalho. É possível escolher as estrelas que compõem a sua constelação.

Sigilo da Tecelã

Use o Sigilo da Tecelã como foco de meditação para alinhar sua Mente da Bruxa. Acenda uma vela e concentre-se nela enquanto realiza as Três Respirações. Recite o poema do início deste capítulo. Sente-se em silêncio absoluto por três minutos e permita-se simplesmente ouvir e ser. Preste muita atenção a qualquer sonho que você possa ter imediatamente após essa meditação.

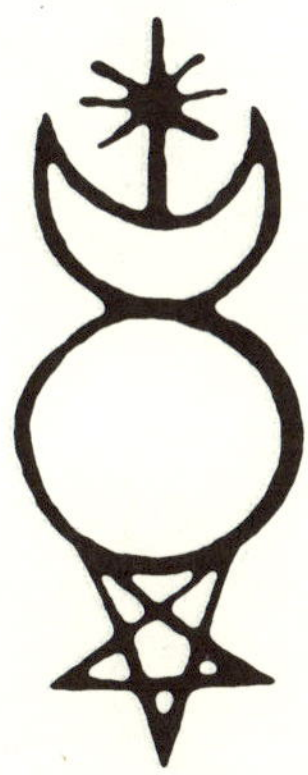

Sigilo da Tecelã

Capítulo 6

Amando o corpo mágico

Oh, templo de fôlego, sangue, carne e osso,
Casa do meu espírito, uma serpente semeada.
Labirinto do ser, abra a porta,
Seguindo os passos dos que vieram antes.
Paredes pintadas, velas acesas, altar vestido,
Meu corpo, um mapa de jornada abençoada.

Amar o próprio corpo nem sempre é fácil, sobretudo quando ele causa dor ou tem problemas de funcionamento. O primeiro rascunho deste livro foi escrito enquanto eu tentava lidar com a pior enxaqueca que tive em muito tempo[24]. Não me passa despercebida a ironia de que meu próprio corpo estava sendo problemático enquanto eu trabalhava para escrever um livro sobre o corpo mágico. Mesmo assim, eu persisti.

Mas, honestamente, o amor não é feito só de flores, corações e finais felizes para sempre. Ele envolve trabalhar ativamente nos desafios para criar um relacionamento melhor. E você está categoricamente em um relacionamento com seu corpo. Há dias bons e dias ruins. Como em qualquer relacionamento, é preciso fazer manutenção regular e prestar atenção para manter as coisas saudáveis e funcionando, não apenas fisicamente, mas também emocional e mentalmente.

---

24. Grande parte desse primeiro rascunho foi parar na tecla delete. Agradeço à minha equipe de editores que conseguiu ler esse rascunho e gentilmente não me deu bronca por tê-lo enviado a eles. Além disso, o segundo rascunho foi trabalhado durante o início da pandemia de COVID-19.

O templo sagrado sempre precisa de trabalho. A limpeza dos visitantes deve ser feita. Nem todos apreciarão ou respeitarão seu espaço. Algumas pessoas levam e outras deixam oferendas. Mas somente você pode decidir a aparência do seu templo – como você o adorna, celebra e honra. É possível escolher o horário de funcionamento e as restrições, além de estabelecer diretrizes. Você é a construtora, a guardiã e a deidade residente. Cuidar de si mesma é um ato de amor e devoção.

Os Amantes

O amor-próprio radical é um direito e um ritual

O Hierofante lhe dá regras, mas acontece que regras são feitas para serem quebradas. Sempre encontramos uma maneira de contornar os tabus que nós, seres humanos, impusemos a nós mesmos. Há muitas regras sobre o amor e sobre os corpos, em particular. Você deve descobrir onde está a verdade para si mesma. O arcano d'Os Amantes tem a ver com aprender a se respeitar e se entender, a estabelecer suas regras e valores. Você está pronta para avançar com um senso renovado de si mesma.

A lição das cinco cartas anteriores do tarô é aprender a romper os ciclos que não são saudáveis para você e dominar aqueles que basicamente lhe dão rodas (a liberdade de se mover!), agora que você chegou à próxima carta do naipe, o reino do 6. A carta de número 6 se concentra em viagens, reuniões, harmonia e concessão de bênçãos. Ela também recomenda exercitar a paciência, honrar o que você tem, ser prática, planejar com antecedência e manter padrões. Todos esses são atos de amor.

Os Amantes personificam a harmonia, o amor, a atração e a união. Duas serpentes, a física e a metafísica, estão se entrelaçando, como vemos no caduceu, criando um senso de equilíbrio saudável. Em vez de separar tudo em vício ou virtude, sagrado ou profano, dá para escolher se apaixonar pelo seu corpo físico mágico. É possível experimentar a harmonia, a sinergia e a união de suas vidas interior e exterior entrelaçadas. Ao celebrar as alegrias da vida, é possível despertar novas paixões e reunir seus múltiplos corpos.

Nossa cultura moderna está enraizada em dizer que você não tem poder, que a magia é bobagem, que você precisa da aprovação dos outros. Essas ideias não são saudáveis – são leis imperfeitas que devem ser desafiadas. Acreditar em si mesma é um ato de revolução. Acreditar no poder e na beleza de seu corpo é uma revolta e um ato de amor-próprio radical.

Vamos encontrar o equilíbrio entre nosso corpo simbólico e nosso corpo terreno. Nesse espaço liminar, descobrimos o amor, onde o céu e a terra se encontram.

Reconectando o corpo

A humanidade primitiva entendia que o corpo era sagrado, uma parte integrante de nossa existência e um canal para o espiritual. Mas, com o passar do tempo, com a ascensão e a queda das civilizações, começamos a nos separar de nosso corpo. Essa separação fez com que os movimentos religiosos condenassem o corpo como insatisfatório e espiritualmente impuro. Procuramos nos elevar acima do corpo, elevando a mente e nos distanciando do espírito.

À medida que nos deleitávamos com nosso intelecto, os filósofos começaram a elevar e separar a humanidade do mundo ao nosso redor. Mas somos absolutamente parte desse incrível mundo físico; não estamos acima nem somos distintos dele. A existência física não é um castigo ou algo pelo qual devemos sofrer. Muitas religiões dizem que devemos nos concentrar apenas na próxima vida espiritual, evitando o mundo ao nosso redor e descartando nossa própria divindade encarnada. Mas fomos criados para *viver*!

Considere os chamados sete pecados capitais: luxúria, gula, preguiça, avareza, ira, orgulho e inveja. Na melhor das intenções e teorias, eles falam sobre a prática da moderação, que é uma coisa sábia. Mas a luxúria, a gula, o orgulho e a preguiça, especialmente, têm sido usados há muito tempo para vilipendiar corpos e seres que se recusam a se conformar com a sociedade, muitas vezes passando de um lugar de temperança e indo diretamente para a restrição extrema. Reflita sobre a norma cultural falha que considera natural que os homens tenham experiências sexuais com várias parceiras, mas que rotula de vagabunda uma mulher que faz o mesmo. A realidade é que a exploração sexual é saudável para qualquer pessoa interessada, desde que seja feita com segurança e de forma consensual, quando a pessoa estiver pronta.

Comer é parte natural da vida, e nossa sociedade se deleita ao glorificar as artes culinárias, mas, ao mesmo tempo, vende planos de dieta, nega o acesso a alimentos naturais e saudáveis para pessoas de baixa renda (considere os desertos de alimentos no centro das cidades) e difama indivíduos de todos os tamanhos simplesmente por serem como são. A indústria da beleza é um negócio multimilionário, que frequentemente faz uso de produtos químicos perigosos e muito Photoshop em seus anúncios, mas há o estigma de que, se você usa maquiagem, você é falsa ou vaidosa demais.

O sono é essencial para nós, tanto física quanto mentalmente, mas somos recompensadas ao sacrificá-lo por causa do trabalho e de outras demandas – e tirar um tempo para si mesma é considerado egoísmo e preguiça. Você é condenada se o fizer, e condenada se não o fizer.

Mas isto aqui é bruxaria. Não há necessidade de condenação e vergonha. Pura e simplesmente: não é saudável existir neste mundo e, ao mesmo tempo, olhar para ele com desprezo. O planeta sofre enquanto nós sofremos, porque nós, como sociedade, perdemos ou esquecemos nossa capacidade de nos conectar com a terra, os animais, as plantas e outros seres. Ficamos aprisionados em nosso corpo em vez de sermos capazes de nos deleitar com a experiência de viver.

Se aprendermos a amar e honrar nosso corpo do jeito que ele é, se buscarmos abraçar o corpo da bruxa, poderemos nos reconectar com a magia de nós mesmas e do mundo em que vivemos. Somos lembradas de que nosso corpo é nossa ferramenta mais poderosa e acessível. Nossos rituais diários se tornam atos de devoção ao nosso templo e ao mundo ao nosso redor. É possível aprender e reincorporar a magia que nossos ancestrais conheciam:

> A potência do próprio corpo transforma a dança em um sacramento. Na história primitiva, o corpo como um todo, bem como cada aspecto separado, era sagrado. A comida, a bebida, a respiração e a cópula eram consideradas canais sagrados para que o poder entrasse no homem[25].

SUGESTÃO DE DIÁRIO
Contagem de corpos

Que ideias prejudiciais à saúde você tem sobre seu corpo? Quais são as três coisas que você aprecia em seu corpo?

Um corpo mágico

O corpo e a magia têm uma longa história que remonta aos primórdios de nossa espécie. Essa conexão é predominante em toda a mitologia e é a base de grande parte da magia folclórica.

O corpo desempenha um papel importante em inúmeros mitos sobre divindades. A mitologia grega tem vários exemplos do corpo mágico, desde Zeus dando à luz Atena a partir de sua testa até Dionísio sendo restaurado de volta à vida somente a partir de seu coração resgatado e Perséfone comendo seis sementes de romã para consolidar sua posição como Rainha do Submundo. Na mitologia egípcia, Ísis reassegura o corpo de seu marido Osíris e o traz de volta à vida depois que seu irmão Set o assassina e o desmembra. Na mitologia hindu, Ganesha, filho de Parvati, recebe sua cabeça de elefante depois que Shiva o decapita (meio que por acidente). Na mitologia nórdica, Odin perde um de seus olhos para obter a sabedoria das runas. Em todo o

---

25. WOSIEN. *Sacred Dance*, p. 20-21. Em Português: WOSIEN, Maria-Gabriele. *Dança Sagrada: Deuses, mitos e ciclos*. Triom, 2002.

planeta, encontramos mitos de criação que envolvem a construção deste mundo a partir do corpo de divindades ctônicas ou primordiais. Tudo isso traz à mente o ditado "somos feitos à imagem dos deuses", mas o oposto também é verdadeiro quando você pensa sobre isso: "os deuses são feitos à nossa imagem".

Quanto à magia, os antropólogos e arqueólogos estão sempre descobrindo feitiços antigos com base na magia simpática, uma das formas mais antigas de feitiçaria que existem. Esse tipo de magia funciona de acordo com as teorias de que "semelhante atrai semelhante", "a parte afeta o todo por relação" e "as mudanças no microcosmo afetam o macrocosmo". Fazemos amuletos de certas partes do corpo e de certos fluidos porque existe a crença comum de que o semelhante afeta o semelhante. Nossa mente adora encontrar padrões e semelhanças, portanto, é claro que, quando se trata de metafísica, usamos o que sabemos.

Uma simples pesquisa na internet encontrará inúmeros artigos recentes sobre garrafas de bruxas com centenas de anos, escondidas em casas antigas e enterradas em locais sagrados. O conteúdo desses frascos costuma conter fluidos corporais, como urina e sangue, além de cabelos, unhas cortadas e outros materiais orgânicos. Em todo o mundo, você encontrará amuletos de fertilidade, oferendas feitas em forma de seios, lábios, úteros e falos. Como parte de seus rituais de morte e vida após a morte, os antigos egípcios usavam potes canópicos para preservar o estômago, as vísceras, os pulmões e o fígado, enquanto o coração permanecia no corpo.

Essas práticas também não estão relegadas apenas ao passado. Ao viajar para qualquer lugar do Mediterrâneo, é provável que você se depare com o olhar inconfundível do mau-olhado, bem como com amuletos em forma de mãos, que variam do *hamsa* (Mão de Fátima) para a *mano figa* e a *mano cornuta*. No México, a prática dos milagres envolve amuletos que se concentram em determinada área do corpo como forma de pedido mágico. Nós nos voltamos continuamente para o corpo em busca de inspiração porque sabemos intuitivamente que há uma conexão com a magia e o poder por meio dele.

Considere o fato de que nossos órgãos internos são tecnicamente ocultos por sua própria natureza – eles devem ser escondidos do mundo exterior. Esses órgãos se preocupam com o funcionamento interno de nosso templo e, sem sombra de dúvida, tendem a guardar um ou dois segredos, mesmo para a ciência moderna. Muitos dos processos internos também afetam o que acontece na parte externa de nosso corpo. Partindo dos sintomas que podemos ver ou experimentar, muitas vezes temos que nos aprofundar para determinar a causa. Quando pensamos nisso, não é nenhum mistério o fato de nossos ancestrais terem se concentrado em diferentes partes do corpo para obter influência sobre si mesmos e sobre os outros.

Embora sejamos, sem dúvida, mais do que a soma de nossas partes, é possível aprender a amar mais nosso corpo se procurarmos encontrar magia em nossas partes e processos corporais. Pense novamente na lista que você fez no exercício anterior. Dedique um pouco mais de tempo para considerar por que você gosta e não gosta de certas partes de si mesma. Que propriedades mágicas você poderia atribuir a cada uma delas e por quê?

Tempo de templo

Os templos são locais de trabalho real. Bem-vinda ao seu emprego de tempo integral como guardiã e deidade do templo. O salário não é muito bom, mas há alguns benefícios incríveis.

Sentir-se confortável em sua própria pele começa quando honramos nosso templo. Você é responsável pela manutenção, mas também pode decidir como ele será adornado, quais rituais o mantêm, quem pode adorar em seu altar e como. Todos os dias, você escolhe como se vestirá, quais joias e qual maquiagem usará, como fará o cabelo e outras formas de sustentar fisicamente o seu espírito. Pode parecer trabalhoso, mas é uma experiência que vale a pena. Seu templo é seu.

Não se esqueça de que o corpo é o local onde reside seu espírito. Gosto de me referir ao corpo como templo pelo simples fato de que as pessoas tendem a respeitar lugares sagrados como templos, igrejas e santuários. Se você for capaz de reconhecer o divino nesses lugares, então deve reconhecer o divino que habita em seu interior. Dessa forma, fica mais fácil honrar e respeitar seu corpo em todas as suas fases.

Os templos tendem a ser complexos e cheios de camadas. Em geral, são projetados para serem visualmente impressionantes do lado de fora, dando uma dica dos esplendores que existem no interior. O templo convida os curiosos a entrarem em lugares comuns que criam uma atmosfera ao mesmo tempo em que sugerem mistérios. Pode haver escritos nas paredes, belos murais e tapeçarias ou vitrais que descrevem a história do deus que está lá dentro. Pode-se ir mais fundo no templo, se for permitido, para visitar mais intimamente o espírito residente. Todo templo também tem lugares restritos e secretos que somente os iniciados podem visitar.

Há inúmeras atividades que acontecem em qualquer templo. Há rituais, oferendas, momentos de descanso e de extrema atividade. Os templos são preparados, adornados, abençoados, limpos, consertados e mantidos regularmente. Pense em todas as maneiras como você limpa, veste e adorna seu corpo. Já falamos bastante sobre os processos internos e simbólicos que nos ajudam, mas a interação com o físico melhora a experiência significativamente. Suas interações com o tátil e o visual continuam a tornar a jornada mais real, mesmo quando você tem dificuldade em compreender o invisível e o metafísico. Os rituais que envolvem seu corpo ajudam você a fazer essas conexões.

Camadas externas

O sistema exócrino do corpo, também conhecido como sistema tegumentar, é composto por pele, cabelos, unhas, suor e outras glândulas relacionadas. Nossa pele é nosso primeiro meio de defesa contra germes e outros perigos. Ela nos encapsula, contém, mantém e protege. Nossa pele se expande conosco à medida que crescemos, e define nossas fronteiras. Por meio dela, experimentamos o mundo, tocando e sentindo conforme avançamos. Ela se flexiona e se dobra com nossos movimentos, mas resiste a danos.

Ao emergir de nossa pele, nossos cabelos e unhas completam o pacote. Embora também sejam um meio de proteção flexível, tendemos a pensar neles como acessórios, coisas que adornam nosso corpo naturalmente (para o bem ou para o mal). É fascinante considerar o quanto de nossa identidade tem origem na camada mais externa de nós. A cor e a condição de nossa pele à medida que ela se estende por nossos músculos, ossos e gordura; como penteamos, mantemos ou removemos os pelos de nosso corpo; como os cabelos são tratados e como eles são removidos; como nossas unhas são feitas (ou não) – todos esses aspectos tendem a ser a base das opiniões de outras pessoas sobre nós muito antes de dizermos ou fazermos qualquer coisa. Há muita bagagem social envolvida em nossa aparência. Frequentemente nos sentimos pressionados a nos conformar e a nos encaixar. Padrões e tendências irreais podem nos fazer sentir desconfortáveis com nossa pele, peso, idade, forma, cabelo, altura e habilidades. Os esforços que fazemos para expressar o que sentimos ser nosso "verdadeiro Eu" talvez sejam desprezados, ridicularizados ou descartados.

Infelizmente, não há nenhuma varinha mágica que possa acenar para fazer desaparecer toda a dor que você possa ter sofrido por causa da mente fechada de outras pessoas, ou impedir que elas façam julgamentos malconcebidos sobre você no futuro. Não há maneira fácil de desmantelar estereótipos ou padrões prejudiciais e injustos de uma só vez. Eu realmente gostaria de poder, para todos nós. Mas, por algum tempo, quero que *você* se concentre em encontrar um lar em sua própria pele e honrá-lo, sem deixar que as opiniões do mundo exterior se intrometam. Nós sabemos que toda essa negatividade está esperando lá fora, mas talvez o que falarmos aqui seja um bálsamo para seu espírito e uma armadura para sua alma.

Sigilo para curar problemas com autoimagem

Este sigilo foi criado para libertá-la dos males da conformidade confinante e dos danos que ela causa em nossa mente e nosso corpo. Ele tem o objetivo de capacitá-la para encontrar beleza em quem você é, em sua aparência e, sobretudo, em como você se vê no mundo. Que ele estimule a cura e inspire um novo amor, de dentro para fora.

Para usá-lo, desenhe o sigilo com um marcador de tinta seca no espelho em que você se olha com mais frequência, colocando-o na superfície. Uma opção é desenhá-lo no corpo com um óleo de unção ou caneta/lápis de maquiagem. Outra opção é gravá-lo em uma vela branca, rosa ou azul-clara para trabalhar em seu altar. Quando quiser se concentrar mais na liberação de ideias prejudiciais à saúde, queime a vela da Lua Cheia até a Lua Nova. Quando desejar atrair mais amor e apreciação, queime-a da Lua Nova para a Lua Cheia.

Sigilo para curar problemas de imagem corporal

Cultive seus próprios ingredientes

Ao contrário da maioria dos outros mamíferos, não temos uma cobertura completa de pelos, mas nossos cabelos ajudam a nos proteger, regular a temperatura corporal e ampliar nossos sentidos. Os seres humanos desenvolveram uma estranha mitologia em torno do cabelo: quem pode cultivá-lo, onde ele pode crescer e em que comprimento, cor e estilo. Cada cultura tem seu conjunto de padrões e tabus sobre o cabelo em nossa cabeça e no resto de nosso corpo.

Temos mitos e contos de fadas sobre o poder contido em cabelos longos – vêm à mente as histórias de Sansão e Rapunzel. Há uma história que circula na internet sobre homens nativos americanos que foram alistados no exército para a Guerra do Vietnã por causa de suas incríveis habilidades de rastreamento. Aparentemente, eles perderam esses sentidos quando seus cabelos foram cortados para atender aos regulamentos do exército. Pode haver alguma verdade nisso, pois, quando ficamos excitados ou assustados, os pelos da nuca podem se eriçar ou podemos sentir arrepios nos braços e nas pernas. É fascinante pensar nisso.

As pessoas que procuram fazer mudanças em sua vida costumam começar cortando e/ou pintando o cabelo. Por que isso acontece? É fácil ter controle sobre o nosso cabelo, a mudança é relativamente indolor e é possível ver rapidamente os resultados. Há a sensação de que, se conseguirmos mudar nossa aparência, também mudaremos a maneira como nos sentimos por dentro. A alteração visual também nos capacita a dar passos maiores, os quais precisamos para obter a mudança desejada. Nosso cabelo é uma possível porta de entrada para o ser que desejamos trazer de dentro de nós.

O cabelo não é a única coisa que podemos alterar. Cada um de nossos dedos das mãos e dos pés termina em uma unha. As unhas são uma forma de proteção, mas também são ótimas ferramentas. Como artista, minhas unhas são constantemente submetidas a uso e abuso.

Ter unhas bem-cuidadas pode ser uma forte declaração de identidade e preferência, especialmente se suas escolhas forem consideradas contrárias aos padrões sociais. Realmente admiro as pessoas que conseguem ter belas manicures, e já me disseram que tudo o que preciso fazer para tê-las é simplesmente não usar minhas unhas. É uma ideia interessante, mas não importa o quanto eu seja cuidadosa, parece que estou amaldiçoada a estragar pelo menos uma unha depois de pintá-la, enquanto faço algo tão delicado quanto possível. Há uma infinidade de opções para unhas postiças, mas qualquer pessoa pode simplesmente comprar um esmalte e mudar a cor de suas unhas naturais. É relativamente fácil e barato, acessível a qualquer pessoa que consiga manter a mão firme e suportar o cheiro. Uma pequena mudança na cor pode fazer uma grande diferença!

Há uma infinidade de usos mágicos para cabelos e unhas, já que há muito tempo eles são componentes populares em feitiçaria. Os fios de cabelo e as unhas cortadas funcionam fortemente no reino da magia simpática, especialmente com a crença de que a parte pode afetar o todo. Por serem relativamente abundantes e fáceis de adquirir, são ingredientes populares para qualquer tipo de magia destinada a influenciar alguém – para o bem ou para o mal. Admito que sou um pouco supersticiosa quanto ao descarte de meus cabelos e unhas cortadas quando estou fora de casa!

Existe também a ideia de *memento mori*, que designa objetos que nos lembram da morte e podem envolver um resquício de alguém que já faleceu. Por exemplo, os eduardianos e os vitorianos faziam arte e joias bonitas e ornamentadas com o cabelo de uma pessoa falecida. Menos mórbidas e mais voltadas para a vida, há tradições de troca de mechas de cabelo entre amigos ou amantes para aumentar seu vínculo. Há muito tempo, miçangas, fios e tranças são tecidos no cabelo com propósitos mágicos – para proteger, aumentar a fertilidade, atrair o amor e muito mais.

O que todas essas coisas têm em comum é que elas são partes de você que podem representá-la magicamente. Seja por conta própria, separadas de você, ou enquanto ainda estão fisicamente conectadas a você, podem ser uma influência em seu corpo.

SUGESTÃO DE DIÁRIO

Muito supersticiosa?

Não importa para qual lugar da Terra ou momento da história você olhe, haverá conexões mágicas centradas em nossos cabelos e unhas. Pense em suas associações com seus próprios cabelos e unhas. O que você acredita ser aceitável ou proibido? De onde vieram essas ideias? Você tem alguma superstição sobre eles?

Adornando o templo

Embora alguns aspectos de nosso corpo sejam difíceis ou impossíveis de mudar, podemos escolher como adorná-los. Cosméticos, arte corporal, roupas e joias nos transformam e fortalecem nosso corpo. Essas coisas projetam um senso de identidade que dá para sentir por dentro.

Maquiagem mágica

A maquiagem é uma maneira fácil e acessível de nos expressarmos. O uso de cosméticos remonta aos tempos antigos, quando usávamos pigmentos minerais e vegetais para tingir a pele e o cabelo, tais como ocre, hena e índigo. Os egípcios usavam o kohl (feito de sulfeto de antimônio) para escurecer os olhos, e várias frutas silvestres foram usadas no mundo inteiro para tingir os lábios e as bochechas. Não importa se a maquiagem é usada para realçar o corpo, para atrair, para melhorar ou estabelecer a identidade, ou ainda para aprimorar sua transformação espiritual – há poder envolvido.

O *glamour* pode parecer uma ilusão, mas também é uma maneira de revelar nossa personalidade interior. O que vemos melhora e reforça o que sentimos sobre nós mesmas em nosso interior. Pense nisso como um jeito de trazer o interior para o exterior, em vez de repetir a velha e cansada frase: "a beleza é apenas superficial". Essa expressão afirma que a atratividade física não garante substância ou caráter reais. Embora isso possa ser útil para se ter em mente, se você usar todos os seus sentidos enquanto bruxa, é mais provável que tenha uma visão mais holística de qualquer pessoa que encontrar, a despeito da aparência dela. Se estiver prestando atenção, muitas (se não todas) as pistas estão lá, apesar do que possa parecer estar à sua frente. As pessoas que afirmam que a maquiagem é um truque ou uma farsa também tendem a ser aquelas que julgam primeiro a superfície.

A maquiagem também ajuda a explorar outras possibilidades. Ela é um dos recursos mais simples para mudança de forma, além de fantasias e trajes. Quando crianças, somos especialistas em fazer de conta, e em geral adoramos brincar de se vestir. Como adultos, podemos nos deliciar com *cosplay* e bailes de máscaras, porque eles nos remetem a esse senso de brincadeira e à possibilidade de sermos o que quisermos. Com a maquiagem, podemos nos ver transformados diante de nossos olhos, e isso excita nosso espírito.

BRUXESGO
Encanto da maquiagem

A aplicação de maquiagem pode ser, sem dúvida, um ritual em si, especialmente se você pensar no motivo pelo qual está se maquiando e em como se sente. Mesmo que seja apenas para você, pense no efeito que deseja obter e, se for sair para o mundo, o que deseja que os outros vejam? Da configuração à preparação física e à aplicação real, é possível encontrar magia no processo. Pode haver até mesmo uma maneira mágica de pensar para quando remover a maquiagem.

Encanto da maquiagem

Lábio pintado, olhos tão brilhantes
Sombra, pincel, visão de beleza
Pele e alma, arte glamourosa
O que eu desejo faz parte!

A pele ilustrada

A tatuagem é uma prática antiga encontrada no mundo inteiro. Essas marcas profundas na pele têm sido usadas para adornar, embelezar, proteger, definir e identificar. Também existem tabus que proíbem as tatuagens, bem como estigmas culturais de todos os tipos. Quando marcamos nossa pele, estamos ilustrando parte da história e das experiências de nossa vida. Para algumas pessoas, as tatuagens comemoram eventos importantes ou mostram ao mundo o que amamos e prezamos. Para outras, elas são marcas de devoção, honrando uma divindade, um santo ou um ente querido falecido. Elas podem marcar novos começos, compromissos ou até mesmo finais.

Ao escrever este livro, tenho sete tatuagens (oito, se contarmos a linha preta em meu dedo médio, onde o cortei com uma placa de cobre entintada, na faculdade), e tenho certeza de que haverá mais. A primeira é o rosto de Kali Ma (ou Durga, dependendo da sociedade) na parte superior de minhas costas – para proteção e como marca de devoção. Depois, adicionei uma manga ao meu braço esquerdo, com o desenho da estrela do cinema mudo Theda Bara, rodeada de rosas e penas de pavão (ambos símbolos pessoais). Então, trabalhei com um mentor para criar um selo de orientação e proteção baseado no coração, que foi colocado sobre meu esterno. Em seguida, desenhei dois sigilos para a parte frontal de minhas coxas, para equilibrar minha mente e meu caminho. Na sequência, retratei uma serpente que se enrola em meu pulso esquerdo, incorporando o ciclo lunar e um símbolo de Baba Yaga. A peça mais recente, situada logo acima do meu antebraço, também está relacionada a Baba Yaga, com sua cabana móvel dançando sobre pernas de galinha. Uma querida amiga e ex-aluna de dança, Samara, colocou uma versão menor do mesmo desenho em seu pé. Posso olhar para minha pele e ver a jornada da minha vida em movimento.

Se você decidir fazer uma tatuagem, o melhor conselho que posso lhe dar é que reserve tempo para encontrar um artista cujo portfólio de trabalho seja do seu agrado. Não se baseie apenas no preço ou na disponibilidade – o tempo e o dinheiro do trabalho realizado por um artista real valem o esforço. Há muitos artistas trabalhando atualmente que incorporam magia e rituais em seu processo, portanto, isso é um bônus se você conseguir encontrar um.

Caso contrário, é possível fazer uma experiência ritualística por conta própria. Tendo em mente as instruções anteriores à sessão, pode-se realizar um banho ritual ou uma limpeza para preparar sua mente e seu corpo. É possível criar um espaço sagrado mental ou fisicamente, caminhando ao redor da cadeira onde o trabalho será realizado, chamando os elementos e quaisquer espíritos ou divindades para ajudar. Durante o processo, concentre sua respiração para se sintonizar com a intenção do trabalho. Depois disso, atente para aplicar a pomada curativa (conforme as instruções) e cuidar da área. Ao seguir esse procedimento com todas as minhas tintas, tive um tempo de cicatrização mais rápido, sem complicações, e fiquei satisfeita com os resultados.

Segundas peles e coisas brilhantes

Seria negligência não mencionar as camadas de adorno que colocamos sobre nossa pele na forma de roupas e joias. Quer usemos roupas para nos adequarmos às ideias sociais de modéstia e propriedade, quer as usemos como veículos para exploração estética ou simplesmente as vejamos como um meio de proteção contra o clima, estamos trazendo outra camada de identidade para nosso corpo.

Assim como as tatuagens e a maquiagem, minhas roupas em geral são uma extensão da minha personalidade. Minha meta é ser o mais eu possível, de acordo com meu humor e objetivos do dia. Escolho roupas que me fazem sentir bem, confiante e pronta para trabalhar, embora eu admita que esta citação do filme *Mudança de hábito* tende a me incomodar, porque sutileza não é o meu forte: "Essa não é uma pessoa que você possa esconder. Essa é uma pessoa visível, projetada para se destacar". Por outro lado, por que eu estaria escondendo quem eu sou?

Pense no que há em seu armário. Aposto que você tem roupas para o trabalho, roupas para relaxar, roupas para determinadas atividades e roupas para ocasiões especiais. É possível até ter roupas apenas para rituais ou propósitos mágicos – uma capa, um manto, um cinto ou um vestido, talvez? E se a magia não fosse reservada apenas para essas peças especiais, mas fosse algo que você aplicasse às suas roupas do dia a dia?

Cores, padrões, texturas e formas afetam a aparência das roupas em nosso corpo e, sobretudo, como nos sentimos. Podemos sentir-nos poderosas ou pesadas com cores escuras, vulneráveis ou leves com tons pastel, expostas ou escondidas por estampas, luxuosas ou pesadas com veludo. O modo como você se sente depende muito de *você*. Considere suas roupas favoritas – por que elas são suas favoritas? É a aparência do seu corpo, o conforto da peça, onde você a comprou ou porque você adora a cor ou o *design* dela? Não há uma resposta errada. Mas, se você pensar um pouco mais sobre essa roupa preferida, poderá começar a reunir de modo consciente peças que magicamente se adequam às suas necessidades e personalidade. É possível criar uma tabela sobre como as cores, os tecidos ou os elementos de desenho fazem você se sentir, para começar a se vestir inspirada nessa tabela mágica. Por exemplo, se você acha que preto faz você se sentir protegida, escolha essa cor nos dias em que precisar de um pouco mais de ajuda. Se o azul-escuro faz você se sentir poderosa, então essa seria a cor ideal para usar em sua grande apresentação.

No entanto, as roupas podem ser fonte de estresse. Talvez você tenha perdido ou ganhado peso e, por isso, as roupas não estejam servindo corretamente no momento. O orçamento é apertado, o espaço é limitado ou as alergias complicam o que se pode usar. Experimentar roupas talvez seja um pesadelo extremamente frustrante e estressante, ou pode até mesmo causar pânico em algumas pessoas. Basicamente, as limitadas opções e as associações entre roupas e emoções são complexas, portanto, talvez você ache a sugestão acima problemática – eu entendo.

É em momentos como esse que me concentro em algo que posso ter sempre comigo: as joias. Seja pulseira, anel, colar, pingente ou alfinete, as joias são uma das coisas mais adaptáveis e acessíveis que podemos usar para a magia diária. Também não estou falando de metais preciosos sofisticados – até mesmo um simples cordão ou fita trançada pode ter poder. Algo que dá para usar todos os dias ou colocar antes de sair de casa torna-se parte de você. Eu me sinto muito mal quando saio de casa sem um pingente no pescoço, uma ou duas pulseiras de olho do mal no pulso direito e brincos. Se estou disposta a fazer coisas maiores, que envolvam lidar com muitas pessoas, coloco anéis em meus dedos e o número de colares aumenta.

Revelação completa: como geminiana, li certa vez que somos propensos a "adornos excessivos". Ao contrário da regra de Coco Chanel – "Tire uma coisa antes de sair de casa" –, é mais provável que eu *coloque* mais uma coisa. Adoro coisas brilhantes e fui *designer* de joias profissional durante anos (e ainda faço coisas brilhantes agora).

As joias podem ter diversos significados mágicos, dependendo da peça, de como e quando as usamos. Um anel pode simbolizar a participação em um grupo, ou você pode escolher determinadas pedras porque acha que elas ajudam a equilibrar seu humor. Talvez você tenha uma peça preciosa que ganhou de um ente querido e que usa todos os dias para proteção. Quer usemos joias para adornar, honrar, lembrar, representar, identificar, proteger, inspirar ou embelezar, estamos fazendo delas outra camada de nós mesmas.

BRUXESGO

Consagração

É possível abençoar uma peça de joalheria para que tenha um foco específico, bem como consagrá-la para ser usada em circunstâncias especiais. Reúna o objeto e os elementos descritos, faça as Três Respirações e crie seu espaço. Ao direcionar a peça de joalheria por meio de incenso ou fumaça, ou usar a respiração concentrada, diga o seguinte:

Eu abençoo esta _____ (peça de joalheria) com o poder do sopro de ar.

Ao passar a peça pela chama de uma vela ou próximo a ela, diga:

Eu abençoo esta _____ (peça de joalheria) com o poder da chama do fogo.

Ao borrifar água na peça, diga:

Eu abençoo esta _____ (peça de joalheria) com o poder da água purificadora.

Ao polvilhar terra ou sal sobre o objeto ou tocá-lo com uma erva especial para você, diga:

Eu abençoo esta _____ (peça de joalheria) com o poder da terra poderosa.

Agora, segure a joia em seu coração e diga:

Com o espírito da bruxa, esta _____ (peça de joalheria) é abençoada!

Encantando a língua

O que colocamos em nossa boca alimenta nosso templo. A comida e a bebida não apenas nutrem e limpam nosso corpo físico, mas também deleitam nossa mente e nossa boca. Em outro sentido, o que sai de nossa boca pode construir ou danificar nosso templo (e outros), dependendo de como o usamos. Abordaremos cada um deles individualmente.

A terra do sabor

O paladar pode ser uma experiência muito sensual se prestarmos atenção. Nossas papilas gustativas detectam pelo menos cinco qualidades básicas de sabor: doce, azedo, salgado, amargo e umami. Também é possível detectar textura e temperatura com a língua. Os cientistas propuseram que o paladar se desenvolveu como meio de sobrevivência, ajudando-nos a distinguir os alimentos que são benéficos daqueles que nos adoecem (ou pior).

Cozinhar é um processo absolutamente mágico que, na minha opinião, é uma habilidade que todos deveriam aprender se forem fisicamente capazes. Mas, para o exercício a seguir, dá para trabalhar com ingredientes simples que talvez já estejam na sua cozinha.

O objetivo desse exercício é sentar-se e experimentar diferentes sabores, registrando sua resposta sensorial a cada um deles. No futuro, quando estiver procurando criar uma experiência ritual, você poderá olhar para trás e ver se algum desses sabores e suas sensações relacionadas se encaixam em seus planos. Usar ingredientes com os quais você já construiu um relacionamento não só é conveniente como também ajuda a proporcionar uma experiência consistente e resultados confiáveis.

Junte: mel, limão, canela, chocolate amargo, rúcula, manjericão, sal marinho, pimenta-do-reino, queijo parmesão. Recomendo que os experimente como entrada – e só precisa de uma pequena amostra para isso. Se você for alérgica a algum deles, substitua-o por outro. Tenha uma garrafa de água purificada à mão para limpar seu paladar entre cada degustação. Outras sugestões incluem alecrim, lavanda, cardamomo, gengibre, hortelã fresca, páprica, cominho, cúrcuma e sumagre. Sinta-se à vontade para ver o que mais seu armário de especiarias ou jardim pode oferecer para uma amostra de sabor.

Registre e prove: anote o nome e a origem de cada ingrediente. Exemplos: "Folha de manjericão: colhida esta manhã do jardim de ervas da minha janela" ou "Mel: mistura de flores silvestres comprada da Blessed Bees no 5 Points Farmer's Market, em 5 de agosto de 2019". Descreva o que vê e os cheiros que sente, e qualquer outra coisa que você possa sentir *antes da* degustação. Reserve cerca de trinta segundos a um minuto para cada prova. Não tenha pressa; essa não é uma experiência para se precipitar. Considere a sensação na boca ou na ponta da língua. Anote o que vier à sua mente durante a degustação. Suas anotações podem incluir cores ou imagens, emoções que você possa sentir, qualquer coisa de que se lembre e o que vier à sua cabeça! Antes de passar para o próximo item, lembre-se de limpar o paladar.

Torção de língua

Agora, vem a segunda parte, desta vez sobre as coisas que saem de nossa língua e de nossa boca – há algum poder a ser explorado aqui também. Considere os seguintes ditados:

O que estiver no coração chegará à língua.
Provérbio persa

É melhor escorregar com os pés do que com a língua.
Atribuído a Benjamin Franklin

Uma ferida de faca cicatriza, mas uma ferida de língua apodrece.
Provérbio turco

Há também a frase "as línguas vão se mexer", que se refere a fofocas. De um ponto de vista menos delicado, a via digestiva é um longo tubo que começa na boca e termina no ânus. Isso nos faz lembrar de uma frase do filme *Feitiço da Lua*, em que a personagem de Olympia Dukakis, Rose, diz: "Minha mãe tem um ditado: [...] Não cague onde você come". De acordo com essa sabedoria peculiar, quando nos reunimos em comunidade para compartilhar refeições e informações, devemos tomar cuidado para não poluir o espaço com palavras que possam prejudicar algo ou alguém.

Somos lembradas de encontrar nossa voz com nossos Pulmões da Bruxa e da responsabilidade que vem junto com esse poder. Sem dúvida, há perigos a serem considerados em relação a como e quando usamos nossa voz. As palavras podem ser prejudiciais quando usadas de forma descuidada ou, sobretudo, com a intenção de ferir alguém. Às vezes, quando estamos com raiva ou magoadas, atacamos sem pensar. É possível até mesmo direcionar isso a nós mesmas, menosprezando nosso corpo e mente. Sejam as palavras direcionadas para fora ou para dentro de nós, elas podem causar danos emocionais e mentais. Por outro lado, as palavras podem oferecer um mundo de benefícios: curar, direcionar, orientar, abrir a comunicação, fazer novos amigos. Esses tipos de palavras edificam a nós mesmas e aos outros.

BRUXESGO
Feitiços da língua

Aqui estão dois amuletos opostos, um para acalmar o barulho e outro para amplificar as vozes que precisam dele. Esses amuletos podem ser recitados sozinhos ou incluídos em outros tipos de feitiços, como velas, trabalhos com bonecos, amuletos de tecido ou bruxaria de cozinha.

Feitiço para acalmar línguas

Ruidosas línguas que vibram e bocas por demais afiadas
Agora quietas feito uma carpa ficarão.
Água abafada sem som
Enterrada bem no fundo do chão.

Feitiço para empoderar línguas

Aqueles cujas vozes foram silenciadas por muito tempo
Eu invoco os espíritos para fortalecê-los.
Que sejam ouvidos e sua mensagem soe verdadeira.
Desbloqueie os ouvidos para que suas palavras sejam transmitidas.

Construindo o templo interno

Pense no que acontece quando comemos algo. Normalmente, damos uma mordida com os dentes e, à medida que mastigamos, as papilas gustativas localizadas em toda a língua enviam sinais ao cérebro. Estamos cientes do tamanho, da densidade e da textura, obtendo uma noção de quando é seguro engolir. Após a deglutição, o alimento desce até o estômago, onde é quebrado pelos ácidos presentes e, em seguida, passa pelo intestino delgado, onde os nutrientes são absorvidos. Os resíduos são coletados no intestino grosso e, em seguida, direcionados para fora do ânus, quando o corpo nos avisa que chegou a hora.

O que colocamos em nosso corpo pode nos nutrir e sustentar, mas também pode nos prejudicar se não tivermos cuidado. Existe o ditado "somos o que comemos", que é muito verdadeiro até o nível atômico. Nosso sistema digestivo absorve os nutrientes do que comemos e bebemos, usando-os para construir e reabastecer as células, apoiando nossos sistemas corporais. Nosso intestino também é responsável por eliminar os resíduos restantes. Mas o processo de comer não basta para nos sustentar – precisamos ter uma dieta balanceada para obter a quantidade adequada de nutrientes. O excesso de qualquer coisa, mesmo de algo tecnicamente saudável para nós, pode causar um desequilíbrio que leva a doenças. O mesmo ocorre com as deficiências.

Nosso corpo costuma dizer do que precisa por meio dos desejos, quando aprendemos a prestar atenção a ele de forma adequada e consciente. Quando crianças, procuramos coisas doces para aumentar nossa energia e, se deixarmos por nossa própria conta, é provável que tenhamos dor de barriga. (Uma vez comi um saco inteiro de Skittles quando tinha cerca de 5 anos de idade, saco tamanho família. Foi realmente lamentável, e passei anos sem conseguir nem olhar para um pacote de Skittles). À medida que envelhecemos, as coisas em geral se tornam doces demais para nós, pois nossas papilas gustativas mudam. Surpreendemo-nos com o fato de que realmente queremos comer uma salada, ou que o espinafre parece ótimo porque nosso corpo está desejando ferro. Quando estou em um evento, atuando, ensinando e vendendo, é fundamental que eu coma uma fonte importante de proteína diariamente, ou é certo que ficarei doente logo após o evento. Quando eu morava em Seattle, os cogumelos se tornaram um alimento básico em nossa dieta diária, pois são ricos em vitamina D, que é uma deficiência comum para pessoas que vivem em áreas onde a luz solar é limitada. Talvez você sinta um desejo repentino por frutas cítricas porque esteja com pouca vitamina C. Quando comecei a comer um abacate por semana, notei uma mudança positiva na saúde geral da minha pele e das minhas unhas. Na verdade, quando prestamos atenção ao nosso corpo, ele está nos dizendo o que precisamos.

Comer de forma saudável significa comer o que seu corpo precisa. Não estou aqui para prescrever a ninguém o que comer, pois cada *corpo* é diferente. É um caminho escorregadio atribuir características morais à dieta de alguém, porque as necessidades corporais, as preferências e a realidade econômica de cada um são da conta deles. Eu sei o que funciona para mim e, quando se trata de bruxaria, a prática autêntica é aquela que funciona para você.

O ideal é que o que consumimos seja sustentável, cultivado de forma ética e colhido de maneira benéfica para a terra e para as pessoas que cultivam os alimentos, além de ser acessível para todos os envolvidos, sejam eles vegetais, animais ou minerais. Tudo está interligado – as monoculturas não são saudáveis para o meio ambiente, independentemente do que esteja sendo produzido. Os pesticidas químicos matam insetos benéficos e, se você vê o mundo por uma lente animista, então toda a vida é digna de respeito. A realidade é que todos nós precisamos consumir para viver, e a morte é uma parte natural desse ciclo. Tudo se resume ao que você acha que é melhor para suas crenças, seu corpo e seu impacto no mundo.

O que comemos e bebemos também pode ser uma metáfora para as informações que recebemos do mundo ao nosso redor. De livros e filmes a notícias e conversas, estamos sempre absorvendo conteúdo de alguma forma. Dizem que a variedade é o tempero da vida, portanto, certificar-se de diversificar nossas fontes de informação cria uma abordagem mais equilibrada.

E se diminuíssemos a velocidade e considerássemos as informações que nos são apresentadas diariamente, como se estivéssemos comendo-as? De onde elas vêm e como chegaram até nós? O que nelas atraiu nosso interesse, tornando-as atraentes? Que tamanho de mordida estamos dando – grande ou pequena? É fácil de morder ou comer com uma colher, ou é duro e mastigável? Qual é a natureza e o humor do produto? Você precisa fazer uma pesquisa adicional para entender o conteúdo ou o compreende totalmente como está? O conteúdo é prejudicial ou útil? O que vale a pena anotar e o que você deseja descartar? O que for uma merda, jogue fora.

Nesta era de mídia rápida, com um monte de pessoas interessadas no jogo da influência, de corporações a governos, talvez seja muito fácil "pegar e ir", acabando com informações que não estão bem-elaboradas ou que são totalmente venenosas e não comestíveis. Pergunte a si mesma: quem se beneficia com minha reação a esse material, como e por quê?

Portanto, quer esteja consumindo alimentos ou informações, tente manter atenção às suas escolhas. Você se sentirá melhor, tanto por dentro quanto por fora.

Eu podia fazer xixi nisto

Tenho vontade de falar sobre algo que há muito tempo tem associações mágicas: a urina. É um produto natural do corpo, a que os seres humanos vêm prestando atenção há muito tempo, quer gostemos de pensar nisso ou não. Isso se deve sobretudo ao fato de a bexiga ser uma coisa engraçada. Ela é sensível a quando estamos excitados ou com medo – o que é um fenômeno curioso, pois geralmente essas duas emoções extremas têm efeitos semelhantes no corpo, mas a forma como são interpretadas depende do cérebro. Nossa bexiga é menos confiável em ambos os extremos do espectro de idade, bem como quando estamos bêbados, alimentando-nos de uma série de complicações sociais.

Historicamente, a urina tem tido diversos usos funcionais depois de deixar o corpo. Ela tem sido usada para amaciar couro e é um mordente eficaz para tingir tecidos. Há muito tempo, os seres humanos também usam bexigas de animais como sacos de armazenamento e recipientes para cozinhar. Se você já teve um animal de estimação, provavelmente sabe que os animais – especialmente os mamíferos machos – usam a urina para marcar seu território. (Meu amigo Kace chama o ato de passear com o cachorro de "entregar o xixi por correio")

Mas ainda mais fascinante é a urina como componente mágico. A urina tem sido usada para amaldiçoar, proteger e contra-amaldiçoar, bem como para feitiços de amor e fertilidade. Esse último talvez seja uma surpresa para você. Mas quando você se lembra da marcação de território com urina e do fato de que os testes de gravidez envolvem urinar em um bastão, de repente a conexão faz muito mais sentido. Um feitiço de amor agressivo é, em essência, uma reivindicação de propriedade sobre o coração de alguém. Existem feromônios presentes na urina que indicam o grau de fertilidade de uma mulher.

Com feitiços que usam urina para amaldiçoar ou contra-amaldiçoar, é mais comum encontrarmos a garrafa de bruxa, um recipiente normalmente feito de vidro ou cerâmica e preenchido com urina, além de pregos, alfinetes e outros objetos pontiagudos. A escolha varia de acordo com a região e a tradição, mas a ideia geral é que a garrafa protege uma casa e seus moradores de magia maligna, especialmente se estiver escondida ou enterrada na propriedade pelas pessoas que buscam proteção contra espíritos ou contra alguém em um corpo físico que tenta amaldiçoá-las. A urina basicamente marca o território, e os objetos pontiagudos dentro da garrafa combatem qualquer pessoa que queira causar danos. Há também variações em que essa mistura exata é usada para lançar uma maldição contra alguém, portanto, acho que tudo depende de como você encara a questão. Acredito que isso levanta a questão: "Se eu fizer xixi nisto, isso significa que estou me apropriando dele ou o amaldiçoando?".

Há muitos outros feitiços (antigos e modernos) que listam a urina como ingrediente, mas também há muitos feitiços que não. Com certeza, a urina é um recurso pronto e renovável, mas, mais uma vez, lembre-se de que lidar com fluidos corporais é um negócio complicado (não apenas tecnicamente, mas também legalmente), no sentido de ser um risco à saúde.

Manutenção mágica

Talvez você se estresse ao pensar em tudo a que precisa prestar atenção para levar a vida. Na maioria das vezes, é apenas uma questão de estar um pouco mais presente em suas tarefas diárias. Aqui estão algumas coisas que dá para fazer regularmente com um pequeno toque mágico.

Lave seu rosto com água fria

Depois de tomar banho ou ducha, espirro água fria no rosto e o seco com cuidado antes de fazer qualquer outra coisa. Isso não pode "fechar os poros", como algumas pessoas afirmam, mas esfria a temperatura da superfície da minha pele, reduzindo o excesso de suor e oleosidade. Além disso, a sensação é refrescante.

Foco mágico: pense "Estou presente em meu corpo".

Beba quando tiver sede

Você já deve ter ouvido falar da regra "oito por oito" (beber oito copos de 240 ml de água por dia), mas esse é outro mito. A melhor orientação é beber quando sentir sede. Tenha sempre água fresca à mão para beber e opte por ela em vez de refrigerante. Acrescente fatias de limão ou lima se estiver procurando um pouco mais de sabor.

Foco mágico: crie um sigilo para sua garrafa de água e desenhe-o com um marcador durável. O sigilo pode ser centrado na hidratação, e você pode trocá-lo regularmente por um que represente o que você precisa trabalhar. Toda vez que beber da garrafa, você aprimorará essa conexão.

Hidratante leve e protetor solar

Fico longe de hidratantes muito perfumados e daqueles que fazem todo tipo de afirmação sobre o que podem fazer pela sua pele. Simples é melhor (e em geral mais barato). Por protetor solar, quero dizer o uso de proteção adequada para seu tipo específico de pele – seja uma loção, chapéu, mangas compridas, lenços etc. Vale a pena fazer uma pesquisa sobre protetores solares, pois muitos não são ecologicamente corretos ou eficazes para todos os tipos de pele.

Foco mágico: ao aplicar a loção, reserve um tempo para sentir seu rosto e, essencialmente, abençoar a si mesma, dizendo "Que eu possa pensar com sabedoria, ver com pureza, respirar com inspiração e falar com sinceridade".

Cuidados com as unhas

Nem todo mundo tem tempo, dinheiro ou vontade de ir a um salão de beleza. Mas todos podem se beneficiar de um pouco de tempo com uma lixa de unha e um pouco de creme para as mãos. Independentemente de você manter suas unhas curtas ou longas, reserve um momento para examiná-las pelo menos uma vez por semana. Certifique-se de que estejam limpas, lixe-as suavemente até o formato ou comprimento desejado e passe um creme que promova a saúde das cutículas. Se você trabalha muito com as mãos, o creme pode ajudar a reduzir as unhas encravadas e os ferimentos.

Foco mágico: aproveite esse momento para apreciar suas unhas e agradecer. Passe o creme em cada dedo até os nós dos dedos e a palma da mão, fazendo uma pequena massagem em si mesma.

Cabelos

Mesmo que eu não esteja planejando sair de casa, ainda assim tiro um momento para escovar o cabelo. Para mim, isso marca uma transição mental, indicando que estou pronta para começar o dia. Pode-se argumentar que escovar o cabelo estimula o couro cabeludo, então talvez isso faça parte do processo. Também acho que lavar o cabelo com xampu e condicionador é uma experiência revigorante, embora seja algo que faço a cada poucos dias. Aproveito o tempo para sentir o aroma do produto, massageio o couro cabeludo e enxáguo bem. Reconheço que nem todo mundo tem cabelos que podem ser escovados ou lavados com facilidade, portanto, convido-a a encontrar algo que funcione para você.

> *Foco mágico:* seja realizando cuidados básicos ou se preparando para um grande evento, reserve alguns momentos para reconhecer que está fisicamente presente em seu crânio. Deixe seus dedos acariciarem o comprimento de seu cabelo e visualize o poder emanando até as pontas.

Fabulosidade familiar

Agora que já demos uma boa olhada no templo e consideramos alguns planos básicos de manutenção, quero apresentar uma prática um tanto radical. É uma filosofia que, pessoalmente, tenho trabalhado para incluir mais em meu cotidiano no templo. Eu a chamo de "invocar a fabulosidade familiar", também conhecida como "usar os sabonetes bonitos e a boa porcelana, caramba".

Tenho a tendência de querer coisas boas e guardá-las. Não sei bem de onde vem essa característica, embora suspeite de que seja genética, surgida de uma longa linhagem de pequenas avós judias e italianas que adoram um bom sabonete de luxo embrulhado em uma vitrine e ainda lamentam a perda de um prato de porcelana fina que um primo quebrou há trinta anos. Mas os sabonetes elegantes e a porcelana fina são mais bem-aproveitados quando usados mais cedo do que mais tarde, assim como a vida. Um pouco de fabulosidade inserida na vida cotidiana pode trazer momentos de alegria simples que são realmente mágicos.

Não há nada inerentemente errado em querer guardar coisas para ocasiões especiais. Mas, às vezes, é possível se envolver demais em preservar coisas para o futuro, em vez de viver o agora. O desejo de se apegar às coisas é uma característica comum em pessoas que sofreram pobreza, estresse e outros tipos de perda em primeira mão. A pessoa passa a ter medo de mais perdas, de não ter o suficiente, de perder de alguma forma. Portanto, é melhor guardar tudo, por precaução. As coisas boas são guardadas em plástico, esperando. Na verdade, vale a pena guardar algumas coisas, mas outras podem se tornar obsoletas e expirar se você esperar muito tempo para aproveitá-las.

Ao lidar com a morte inesperada de uma amiga incrível e cheia de vida, no final de 2020, lembrei-me de que a morte pode chegar a qualquer momento. A melhor coisa a se fazer é viver a vida ao máximo, da melhor forma possível. Portanto, vista-se bem, sem motivo, transforme a terça-feira em uma ocasião especial para comemorar algo aleatório, não guarde o vinho até que ele se transforme em vinagre e não dê desculpas para pessoas de merda ou relacionamentos ruins. A vida é curta demais para essas bobagens. Ame seu templo, celebrando-o não apenas em dias programados, mas sempre que seu espírito pedir.

Amor prático

É fácil, para mim, dizer para você amar seu corpo, mas sei que a tarefa em questão é um grande desafio. É preciso dedicar tempo e trabalho, mas o mais estranho é que um dia você vai perceber que já está fazendo isso. Praticar pequenos atos de bondade consigo mesma (e com os outros), cuidar de si mesma de forma integral, curar feridas visíveis e invisíveis – tudo isso faz parte da magia da carta dos Enamorados. Você está em um relacionamento consigo mesma.

Você também está em um relacionamento com o seu corpo, a sua magia, o mundo ao seu redor, os espíritos, os ancestrais, as divindades etc. Em essência, você está tecnicamente em um relacionamento com a sua prática. Pode parecer estranho, mas siga meu raciocínio. É provável que você pense em sua prática mágica como algo que você faz. Mas e se você parar para considerar sua prática como uma entidade em si mesma, que tem um espírito ou consciência própria, sua parceira na descoberta do universo? Além disso, sua prática ama você. Ela ama a ideia de você – não apenas você agora, mas também o passado e o futuro. Sua prática cantarola a música que chama a sua anatomia de bruxa. Sua prática sabe que você está à altura da tarefa. Às vezes, ela está esperando pacientemente e, às vezes, quer que você se apresse. Independentemente disso, sua prática se deleita com sua experiência. Quando você começa a considerar sua prática dessa forma, há o potencial para uma mudança dramática que leva tudo para o próximo nível.

Estar em um relacionamento com sua prática pode parecer assustador e complicado, mas não precisa ser – não mesmo. Evite olhar apenas para os grandes momentos de ritual elevado para definir sua prática. Sabás, trajes extravagantes, passeios selvagens e extáticos têm seu lugar, mas não são a totalidade do que é ser uma bruxa. Em vez disso, apaixone-se pelos pequenos momentos cotidianos intermediários: o primeiro aroma da primavera no ar, o som ao riscar um fósforo para acender uma vela, o calor de um chá calmante ao descer pela garganta – todas as pequenas coisas encontradas no coração da prática de uma bruxa.

Além disso, abandone preconceitos sobre o amor que possam estar limitados a corações de papel, "amor e luz" ou tropos orientados pela mídia. O amor não é algo para o qual você deva revirar os olhos, nem se limita a determinadas situações ou pessoas. O amor é uma força, parte da própria magia, tecendo os fios, conduzindo o padrão e segurando o espaço entre eles. O amor é um senso de totalidade sem exigir perfeição. Quando você começa a enxergar com seu Coração da Bruxa, você se abre para novas possibilidades.

Você realmente começa a amar sua prática e, juntas, vocês incorporam totalmente o seu todo. Você sente e sabe que tudo está interligado. Suas percepções e interações com o mundo à sua volta são aprimoradas. Você sabe que a prática mágica não está separada da vida, nem é um *hobby* ou uma distração. O amor é sua própria respiração. Ele flui em seu sangue e se agita em sua barriga. É o osso que a sustenta e o espírito que a guia. Permita-se amar sua prática, porque ela já ama você completamente – e sempre amou.

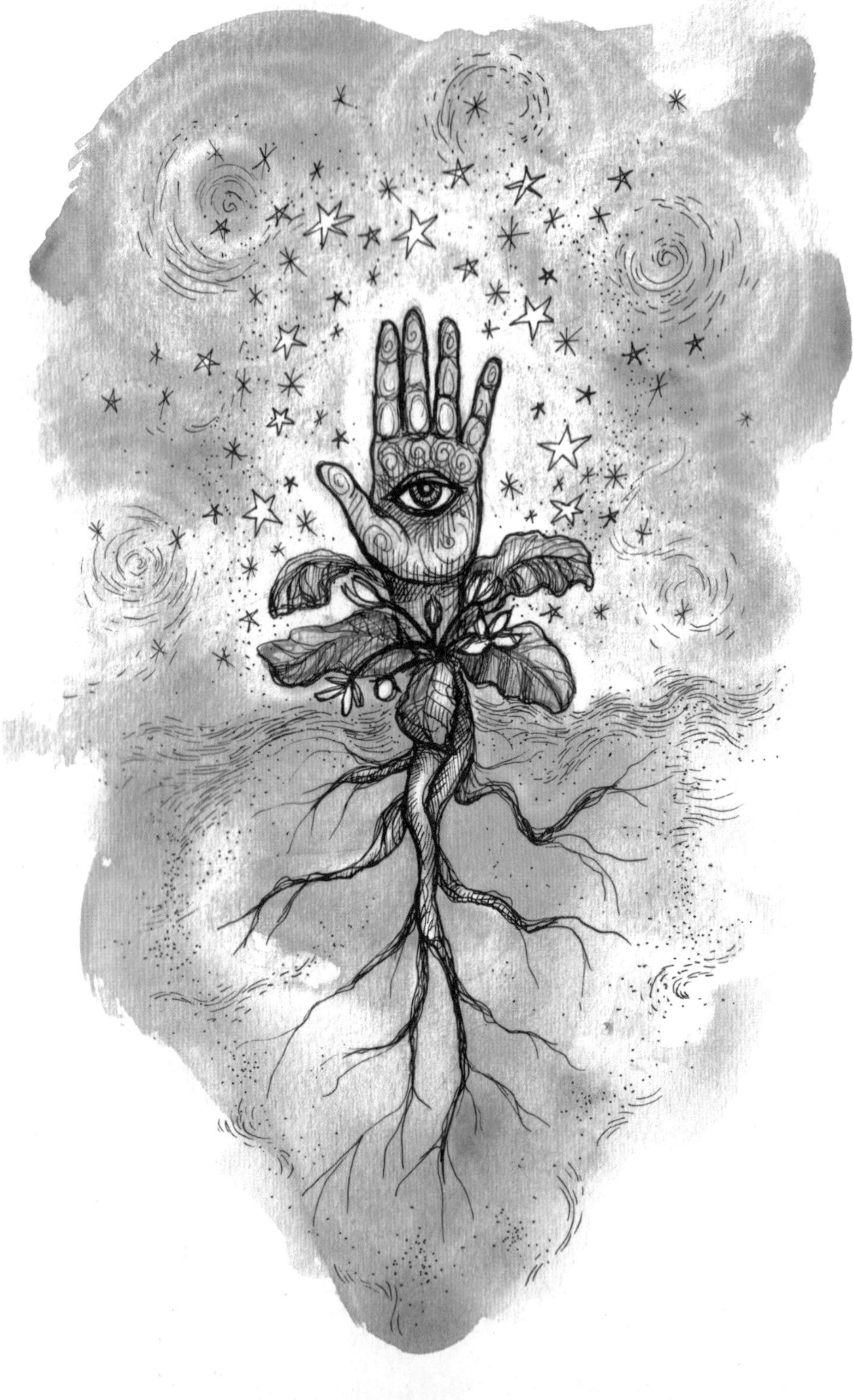

Capítulo 7
Tocar o céu, beijar a terra

Braços e pernas, mãos e pés, dos dedos aos artelhos,
Meu corpo me leva aonde vai meu coração.
Danço com ancestrais do passado remoto,
Um recipiente espiritual no vasto universo.
Sempre em movimento, cada passo, uma batida,
Serpentes se beijando onde se encontram as encruzilhadas.

Nossos pés e mãos foram projetados para ser interfaces incríveis para experimentarmos e interagirmos com o mundo. Neles, há uma infinidade de terminações nervosas que informam constantemente nosso cérebro sobre temperatura, sensação, densidade, proximidade e assim por diante. Com nossas mãos, podemos nos conectar e ajudar uns aos outros, moldando o mundo ao nosso redor. Os pés ajudam a colocar nosso corpo em movimento. Por meio deles, beijamos o chão e percorremos o mundo. As mãos e os pés são pontos críticos onde o corpo termina e começa nosso potencial de influenciar fisicamente e interagir com a rede. Eles nos ajudam a trazer movimento e direção ao corpo mágico.

Como artista e dançarina, minhas mãos e pés são parte integrante do meu trabalho. Já dancei com chapelaria e figurinos que afetaram significativamente minha visão, então tive que confiar em meus pés para me mostrar o caminho. Não posso ter unhas muito longas ou manicures extravagantes porque sou extremamente tátil em minhas práticas de pintura e escultura. Preciso sentir a argila e o metal, e esfregar os dedos na tinta e no carvão para fazer as marcas que desejo.

Minhas mãos pintam e criam a visão que meus olhos e meu coração desejam ver no mundo.

Meus pés e mãos não são especiais ou mais talentosos do que os de qualquer outra pessoa. Suas mãos e pés também manifestam coisas incríveis à sua maneira. Este capítulo orientará você para se conectar de forma mais poderosa com suas mãos e pés – e, por associação, com o restante do seu corpo. Exercitar-se (da melhor forma possível) e colocar seu corpo em movimento para rituais e feitiços produzirá resultados poderosos – e não é preciso ser artista ou dançarina para fazer isso.

A Carruagem

Movimento alegre para a frente

Os Amantes ajudaram você a se familiarizar mais intimamente com seu corpo – a honrar seu templo. Você aprendeu a criar harmonia, a se concentrar na manutenção e a se preparar para o movimento. A Carruagem pede que você entre e saia, colocando as ideias em prática para alcançar o equilíbrio, pois seu corpo não foi feito para ficar ocioso – ele foi projetado para se movimentar!

A Carruagem está alinhada com o número 7 e representa o triunfo e o equilíbrio. O sete é um número de manifestação especialmente poderoso. Pode parecer estranho que uma carta de número ímpar represente o equilíbrio, mas lembre-se de que "manter o equilíbrio" não significa manter tudo limpo e arrumado. Equilíbrio significa criar união entre opostos e realizar ações unificadoras. Pense nas possíveis combinações de cartas anteriores que poderiam nos levar até aqui: o Mago (1) + os Amantes (6), a Imperatriz (3) + o Imperador (4) ou a Sacerdotisa (2) + o Hierofante (5). O que cada uma dessas combinações poderia simbolizar para você neste momento?

O movimento às vezes é assustador – talvez haja o temor de perder o controle ou ser julgada. E se você achar que tem dois pés esquerdos ou que sempre parece estar deixando as coisas caírem? A Carruagem lembra que esses obstáculos temíveis são superados com determinação, foco e força de vontade. Entre, bruxa. Vamos dançar!

O êxtase da dança

A dança é um tema que deixa muita gente desconfortável. A maioria de nós dançava com facilidade na infância – assim como pintava, cantava e se explorava livremente. Depois, aprendemos a sentir vergonha, a ter autoconsciência de nós mesmas e a nos preocupar com a possibilidade de sermos ridicularizadas por termos nos expressado e, em suma, nos exposto. Quando deixamos esses sentimentos e ideias nos dominarem, perdemos a capacidade de encontrar alegria e liberdade na dança.

O fato de acharmos a dança aceitável ou não tende a ter muito a ver com nossa educação e cultura mais ampla. A maior parte da desconexão com a dança provavelmente teve origem nas inúmeras seitas religiosas que a consideravam pecaminosa. Com frequência, nessas doutrinas, vemos que o corpo é desprezado e agredido como meio de submeter e controlar as pessoas. Quando a sociedade restringe o corpo, nosso poder e espírito se tornam limitados e presos. Quando o corpo está livre, o espírito é fortalecido e somos lembradas de nossa conexão com o mundo ao nosso redor. A dança não nos separa do divino, ela nos conecta.

Adoro a forma como Maria-Gabriele Wosien descreve a dança como ritual: "A dança é uma entrega total. Dessa forma, o corpo, em toda a gama de sua experiência, é o instrumento para o poder transcendente, e esse poder é encontrado na dança diretamente, instantaneamente e sem intermediários"[26].

Mesmo que você tenha dificuldade em conectar a dança ao divino, considere a mecânica básica do movimento. À medida que envelhecemos, quanto menos nos movimentamos como adultos, mais difícil é para nosso corpo. Tem aquele velho ditado: "mexa-se ou perca o controle". Não precisamos fazer aeróbica ou correr uma milha todo dia para movimentar o corpo. Ao longo do dia, é preciso

---

26. WOSIEN. *Sacred Dance*, p. 9. Em Português: WOSIEN, Maria-Gabriele. *Dança Sagrada: Deuses, mitos e ciclos*. Triom, 2002.

se afastar de sua mesa ou de sua posição habitual para agitar um pouco as coisas. Pode ser divertido e revigorante fazer uma pausa para dançar no meio do dia ou quando chegar em casa. Você verá que seu humor ficará mais leve e a perspectiva mudará o suficiente para facilitar a concentração.

Tocar o céu

Pense em todas as coisas incríveis que as mãos são capazes de fazer. Elas podem agarrar uma ferramenta, desenhar, pintar, acariciar e acalmar, ou dar um soco e até mesmo falar. A mão protege, orienta, instrui, interrompe, identifica, chama e direciona.

O poder da mão é evidente em seu rico uso no simbolismo de todo o mundo. Pintamos nossas mãos nas paredes das cavernas desde os primórdios da humanidade, provavelmente para tornar nossa presença conhecida. Os gestos com as mãos transmitem mensagens de proteção e afastamento por meio da Mão de Fátima (ou *hamsa*), *mano figa* e *mano cornuta*. Quem lê as palmas das mãos explora a forma e as linhas para descobrir nosso destino. Acredita-se que a imposição de mãos cure por meio de *reiki* e massagem. Há quem diga que a duvidosa Mão da Glória traz invisibilidade. Os dançarinos indianos usam mudras para contar histórias sagradas.

Não tem uma ferramenta de ritual por perto? Sua mão pode ser uma varinha para agitar e direcionar a energia, um athame para cortar e sinalizar, uma xícara para segurar ou um ouro para construir com ou sobre ele.

Quando restringimos a magia apenas ao funcionamento de nossa mente, perdemos a oportunidade de utilizar o poder de nossas mãos. Elas podem manipular e tocar o invisível e o desconhecido tão bem quanto (se não, às vezes, melhor do que) o físico e o conhecido. No entanto, com frequência, nós as ignoramos ou desconsideramos em favor de auxílios externos.

O exercício a seguir ajuda a encontrar o poder presente em suas mãos.

✱ Alcance os gatinhos: ✱ como ativar suas mãos

É possível fazer esse exercício sentada ou em pé, embora, se estiver sentada, seja melhor ficar o mais ereta possível, para obter o máximo de eficiência e efeito pulmonar.

Comece com o Exercício das Três Respirações.

Certifique-se de que a caixa torácica esteja posicionada centralmente no corpo (não inclinada para frente ou para trás), com os ombros relaxados e suavemente para trás, com o esterno elevado. Deve parecer que a caixa torácica está flutuando e que a luz está emanando do esterno. Isso significa que você está em uma boa postura e é capaz de respirar do modo mais profundo possível.

Então, levante e expanda os braços para os lados, no espaço aproximadamente entre os quadris e os ombros. Certifique-se de iniciar o movimento a partir das axilas, irradiando para a parte superior dos braços e, em seguida, para os cotovelos, pulsos, palmas das mãos e dedos, em vez de levantar as mãos e deixar que o restante do braço as siga. Isso permite que o movimento seja ativamente iniciado pelo músculo e promove uma consciência corporal mais profunda. Ao inspirar, levante os braços; deixe-os fluir de volta para os lados ao expirar.

Agora, vou apresentar alguns amigos animais que ajudarão você com esse exercício. Primeiro, imagine que há uma pilha de gatinhos dormindo em ambos os lados do seu corpo (ou outra coisa que você goste de tocar). Esses são os Gatinhos de Parede (veja a ilustração). Estenda a mão para acariciar os gatinhos suavemente com as pontas dos dedos. Isso pode parecer um conceito bobo, mas lembre-se de que a imaginação e a brincadeira são poderosas. Ao estender a mão para acariciar os gatinhos (originando o movimento a partir do seu núcleo), você envolverá os seus braços completamente, despertando vários sentidos.

Ainda utilizando a mesma postura no tronco, inicie o movimento dos braços diretamente para cima, novamente começando na área dos ombros e axilas. Permita que cabeça e queixo também sigam para cima. Desta vez, ative as pontas dos dedos imaginando um coelho gigante flutuando acima de você. Esse é o Coelhinho do Céu. Estenda os braços para cima para alcançar o coelho e, ao mesmo tempo, pense em se manter enraizada (no cóccix, se estiver sentada, ou nos pés, se estiver em pé). Nessa posição, você conecta a terra ao céu e o céu à terra – assim como acima e abaixo. Com frequência, vejo pessoas levantarem os braços frouxamente, como se estivessem inseguras ou simplesmente não soubessem onde estão seus membros. A impressão resultante é que parece que elas estão sendo seguradas com uma arma apontada, mal fazendo chifres com as mãos ou falhando em pegar uma bola de futebol. O circuito não se completa. Quando você envolve totalmente seu corpo, da cabeça aos pés, tem muito mais sucesso na condução das energias ao seu redor e através de você.

•••♡•••

Depois de entender como é a posição acima/abaixo, abaixe lentamente os braços, acariciando os Gatinhos de Parede com os dedos enquanto eles descem com as palmas das mãos voltadas para baixo. Quando as palmas das mãos estiverem a cerca de quarenta e cinco graus do chão, mantenha essa posição. O formato geral de seu corpo deve se parecer com um *A*. Aqui, seus amigos animais são os Furões do Chão. Em vez de tentar acariciá-los, como fez com os gatinhos e coelhinhos, seu trabalho aqui é mantê-los afastados, como se estivesse impedindo que subam em sua calça ou saia, como costumam fazer os furões. Na verdade, essa posição facilita trabalhar com a energia da terra.

Se não estiver acostumada a se movimentar muito, certifique-se de girar os ombros em círculos para frente e para trás, antes e depois desse exercício. Uma opção é sacudir os braços e as mãos regularmente ao tentar cada posição.

Por fim, conecte todas as posições em um ciclo gracioso: gatinhos, coelhinhos, furões e assim por diante. Preste atenção à sensação de cada posição à medida que você se conecta com ela.

Diagrama dos gatinhos da parede, do coelho do céu e dos furões do chão

Gestos das mãos

As mãos podem ser extremamente úteis para canalizar e direcionar energia. Há uma razão pela qual tantas formas de dança têm gestos específicos para as mãos – eles não apenas têm (ou já tiveram) um significado simbólico e acrescentam complexidade visual, mas também direcionam o sentimento da dança. A linguagem das mãos dançantes é um fenômeno global que vale a pena observar.

Na dança clássica indiana, há mais de cinquenta mudras que retratam aspectos dos deuses e de outros seres, ajudando a descrever suas principais características e atividades. Na Guedra, uma dança de bênção tuaregue encontrada sobretudo no Marrocos, um movimento suave dos dedos, liderado pelo dedo médio, direciona a energia do coração do dançarino para o que está sendo abençoado. Na dança Maori, uma configuração de dedos fechados e palma aberta, em que as palmas das mãos ficam paralelas uma à outra (como se estivessem segurando uma caixa), enquanto as mãos tremem levemente de forma controlada e vibratória, é usada para acumular e movimentar energia. As danças ciganas normalmente incorporam uma variedade de gestos com as mãos, incluindo movimentos de corte no peito e nos braços, batidas com o punho em várias partes do tronco e dos quadris, além de movimentos de torção (como se estivessem torcendo uma roupa molhada), todos acentuando o corpo e a música. No flamenco, há "flores de mão" que direcionam o fluxo do movimento para dentro ou para fora, com uma cascata de dedos e rotação do pulso. Talvez pareçam delicados por natureza, mas o efeito é de força e poder.

Como dançarina *nerd*, passei muitas horas estudando o máximo possível de danças folclóricas e culturais. A dança é uma porta de entrada incrível, é uma oportunidade de aprender e compartilhar, muitas vezes sem as barreiras do idioma ou da política. Por meio da dança, aprendemos sobre a música, a história, a arte e a espiritualidade de um determinado povo ou prática. Há inúmeras nuances que podem ser compreendidas por meio da dança, e as experiências podem ser compartilhadas e trocadas. Quando estou ensinando dança, uma das minhas coisas favoritas é que os outros, em geral, adoram compartilhar experiências de suas origens. É possível comparar, contrastar e trocar conceitos para explorar em nossa prática pessoal. Isso não quer dizer que alguém se torna especialista nos movimentos de outra pessoa apenas com uma breve demonstração, mas nos ajuda a explorar o que é possível para nós mesmas e a considerar como ou por que algo funciona. É especialmente fascinante não apenas ver as diferenças entre os movimentos de dança, mas também descobrir o grande número de pontos em comum que se desenvolveram de forma independente no mundo inteiro.

Posições comuns das mãos[27]

- *Punho:* fecha, contém a energia dentro do corpo
- *Mão aberta, dedos abertos:* acolhem, estendem-se para fora, recebem
- *Palma aberta, dedos fechados:* também recebem ou oferecem, mas direcionam a energia mais especificamente
- *Mãos saindo da cabeça:* direcionam a energia espiritual a partir da mente
- Mãos *saindo do peito:* direcionam a energia emocional e conectiva
- *Mãos saindo da barriga:* direcionam a cura física, a fertilidade e o bem-estar
- *Palmas das mãos para fora:* oferecem ou enviam energia para fora
- *Palmas das mãos para dentro:* direcionam ou enviam energia para dentro
- *Braços e palmas das mãos para cima:* conectam-se com o céu, invocando ou atraindo
- *Braços e palmas das mãos para baixo:* conectam-se com a terra, liberando ou descansando

---

27. Essas posições das mãos não são exatamente universais – há nuances culturais que devem ser levadas em consideração. Por exemplo, mostrar a palma da mão aberta pode ser visto como um gesto de boas-vindas em certos lugares, mas em algumas culturas esse mesmo gesto pode ser considerado ofensivo ou tabu.

Beijando a terra

Quando você se movimenta com confiança em si mesma e compaixão pelo impacto que seu corpo causa, eu chamo isso de "beijar a terra com os pés". Uma pessoa poderosa não precisa bater no chão a cada passo. Pensando bem, pisar no chão pode ser desrespeitoso com a terra e prejudicial ao seu corpo (para cada ação, há uma reação)[28]. Esteja eu ensinando dança ou uma técnica básica de movimento ritual, sempre começo com os pés.

Seus pés são sua conexão com o solo e os receptores dos efeitos da gravidade em seu corpo. As três partes principais dos pés que estão diretamente envolvidas no processo são os dedos, as bolas e os calcanhares. A maioria das pessoas tende a caminhar com o calcanhar fazendo o primeiro contato com o solo, seguido pela bola e pelos dedos dos pés. Porém, instruo meus alunos a inverter a ordem, o que é melhor para o corpo, pois diminui o impacto. Se você costuma ter dores nos joelhos, quadris e costas, mudar a forma de andar pode reduzir bastante essas dores, além de melhorar o equilíbrio e a mobilidade geral. Quando você caminha do calcanhar aos dedos do pé, está colocando toda a força do seu peso no calcanhar, mas ele realmente não tem muito amortecimento, portanto, o impacto com o solo reverbera pelo corpo a cada passo, além de tirar os benefícios de estabilização dos dedos dos pés. Essa forma de caminhar também significa que não há espaço para correção se você der um passo em falso, e sua capacidade de se reequilibrar é bastante reduzida. No entanto, quando você caminha com a ponta dos pés, pode aliviar o peso em cada pé de forma mais eficaz, amortecendo cada passo. Também é fácil corrigir o curso, pois você não compromete todo o seu peso com o pé até que o calcanhar atinja o chão.

Na maioria das vezes, quando faço dança, estou descalça (se for permitido e a superfície estiver limpa). Optei por fazer isso porque a exposição essencialmente me dá "olhos" nos pés, já que não posso

---

28. Há formas de dança e música em que o pisoteio está envolvido. Elas costumam envolver calçados adequados, treinamento corporal e/ou encenação para evitar danos ao corpo.

ficar olhando para o chão quando tenho uma plateia para interagir. Estou usando os receptores nervosos dos meus pés para sentir se há algo fora do comum, como umidade inesperada, um cabo de instrumento, algo afiado, piso irregular, massa etc. Quando sinto uma ameaça em potencial, tudo o que preciso fazer é mover meu pé para outro lugar, pois ainda não pisei completamente. Os sapatos, por outro lado, podem não me alertar sobre cabos que estão prestes a me fazer tropeçar ou sobre um piso irregular. Entretanto, se eu souber que o palco ou a área será especialmente perigosa, suja etc., correrei o risco e usarei sapatos.

Olá, pés!

Observação: este exercício é mais eficaz quando feito em pé, mas se você tiver problemas de equilíbrio ou mobilidade, poderá executá-lo sentada.

Comece cumprimentando seus pés (de verdade, quando foi a última vez que você reconheceu seus pés e todo o trabalho que eles fazem?).

Reserve um momento para pensar em como é a sensação do chão através de seus pés. Mesmo que esteja usando sapatos ou meias neste instante, é preciso ter uma noção de como é o chão. O carpete é macio, a madeira é macia, ou a pedra ou o concreto são frios? Você consegue sentir a temperatura do piso? Em seguida, balance de leve o corpo, de um lado para o outro, permitindo que o peso passe de um pé para o outro. É possível levantar um pé se isso ajudar, pois o peso sai dele e vai para o outro.

Agora balance o corpo para frente e para trás, sentindo o peso passar dos dedos dos pés e das bolas para os calcanhares. Pense em como seu corpo se sente em cima dos pés e como a terra se sente embaixo deles.

Quando você tiver resolvido isso, é hora de andar. Assim como eu instruí anteriormente neste capítulo, quando você aprendeu a ativar as mãos, com os movimentos dos braços e das mãos sendo iniciados a partir dos ombros e da região das axilas, o movimento intencional dos pés começa onde a perna encontra o quadril. Sinta a parte superior da coxa – os músculos mais responsáveis pelo movimento são os quadríceps, que estão situados na parte superior e lateral de cada perna. Equilibrando esses músculos, na parte de trás das pernas e nas nádegas, estão os glúteos (você pode sentir sua bunda aqui se quiser).

Comece em pé, com os pés separados aproximadamente na largura dos ombros, com o peso distribuído uniformemente. Agora, desloque o peso para o lado esquerdo, de modo que a perna direita fique livre para se movimentar. Começando pelo quadril direito, levante a perna direita e mova-a ligeiramente para frente (basicamente, não um passo grande, mas um pequeno passo confortável) e concentre-se em deixar os artelhos entrarem em contato com o solo primeiro, seguidos pela bola e, por último, pelo calcanhar. Quando o calcanhar entrar em contato com o solo, você deverá deslocar o peso completamente para o lado direito, liberando a perna esquerda para avançar. Toque o chão com o dedo do pé esquerdo, a bola e o calcanhar.

Agora, a próxima coisa que você precisa fazer é olhar para frente em vez de olhar para os pés (como eu sabia que você estava olhando para os pés?).

Prossiga em um pequeno círculo, sem pressa, com passos pequenos e fáceis – mantendo a cabeça e o tronco centralizados à medida que avança.

Se estiver se deslocando pela casa, levando o cachorro para passear ou fazendo alguma outra coisa, reserve um momento para pensar em como está se deslocando. Faça um esforço para pensar em beijar a terra. Garanto que, com o tempo, você achará mais fácil se movimentar e provavelmente sentirá menos dores.

✳ Fazendo do corpo um altar: ✳ círculo de feitiço com movimento

No capítulo Os Pulmões da Bruxa, você aprendeu a criar um espaço mágico dentro do seu corpo. Agora que já sabe envolver as mãos e os pés, você está pronta para aprender a usar o corpo para criar um círculo. Desde invocar os elementos até dar boas-vindas a alguma divindade, espírito ou ancestral, seu corpo guiará o caminho. Embora muitas pessoas recitem palavras e usem gestos e ferramentas cerimoniais específicos ao fazer um círculo mágico, dá para fazer esse método sem dizer uma única palavra (se quiser), apenas com o corpo. Outra opção é usar essa abordagem para tornar seu lançamento tão simples e rápido – ou tão longo e teatral – quanto desejar.

Observação: dependendo de sua mobilidade, da disponibilidade de espaço acessível para movimentação e, é claro, de suas necessidades rituais, é possível fazer esse exercício sentada ou ocupar todo o espaço caminhando e/ou dançando.

Com esse método, não é preciso montar ou erguer um altar físico (embora possa fazê-lo se quiser, é claro). Em vez de o estandarte ou altar ocupar o centro ou um lado, seu corpo é que se torna o local de ação e conectividade. Você é o altar, o local de ação, o canal. Você está presente na encruzilhada e, ao mesmo tempo, é o local exato onde todas essas estradas se encontram.

Se vou criar um espaço ritual formal fora de meu corpo, é assim que o faço:

1. Começo respirando fundo para puxar o ar para os pulmões e, ao mesmo tempo, concentro-me mentalmente nas qualidades do ar[29]. Posso pensar em uma brisa suave ou em um vento purificador. Além de respirar, levanto de modo consciente o peito e abro os braços para cima e para fora, abrindo os dedos. O efeito visual é algo como uma árvore balançando suavemente com o vento.
2. Em seguida, penso no fogo. Tenho a tendência de localizá-lo no peito e nos quadris. Visualizo uma vela ou uma fogueira enquanto meus ombros e/ou quadris podem balançar suavemente como uma chama; meus braços emoldurando meu corpo, os dedos tremulando.

---

29. Depois de se conectar ao ar, dá para alinhar a respiração com cada elemento, associá-lo a uma cor ou simplesmente não se concentrar tanto nele. Só não se esqueça de respirar.

3. Depois do fogo, vem a água. Aqui, penso no oceano ou em uma chuva de primavera, enquanto o movimento se torna mais localizado em meu núcleo. Meus braços se tornam mais fluidos e horizontais em seus movimentos, enquanto meus quadris ondulam suavemente. Minha pélvis pode se mover em círculos ou em figuras que formam um oito, ou balançar de um lado para o outro, como o movimento do oceano.
4. A terra vem em seguida. Imagino florestas, montanhas e criaturas da terra. Meus braços e mãos se concentram para baixo enquanto meus pés beijam a terra suavemente. Dependendo do objetivo do ritual, posso também abaixar os ombros ou empurrar os quadris de um lado para o outro para criar uma sensação de percussão.
5. Depois de reconhecer os elementos, eu me conecto com o acima/abaixo e com o dentro/fora. Com base no ditado metafísico comum – "Como em cima, assim embaixo" –, reconheço todos os reinos, gesticulando com meus braços simbolicamente para cima, para o céu; e para baixo, para a terra e os submundos. Esses movimentos conectivos criam um eixo central no espaço, conectando todas as direções como uma rosa passageira. Para enfatizar ainda mais minha interconexão pessoal com o universo, levo as duas mãos em direção ao coração enquanto inspiro. Em seguida, enquanto expiro, estendo os braços para abraçar o mundo no mesmo nível do meu coração.
6. Por fim, se o trabalho exigir, eu me conecto com o espírito. Isso se faz girando em uma pequena espiral em qualquer direção que pareça adequada. Se estiver trabalhando com uma divindade específica, faço movimentos que considero particulares e conectados a essa divindade. Eles costumam ser inspirados na arte que foi feita para homenagear esses seres ao longo dos séculos. Por exemplo, a postura de Hécate é alta e forte, com os braços levantados como se estivessem segurando tochas,

cruzando-se no centro à medida que se movem para cima. Se eu estiver chamando Pan, posso pular como uma cabra. Isso pode parecer bobagem, mas sem dúvida fará com que o chifrudo entre em seu espaço mais rapidamente do que dois balanços do rabo de uma cabra.

A ordem em que você se conecta aos elementos fica a seu critério, bem como se deseja conectá-los a determinadas direções. Com relação a esses fatores, é importante lembrar-se de duas coisas. Primeiro, os elementos a cercam – dá para atribuir direções a eles cerimonialmente, mas se for longe o suficiente para o leste, acabará no oeste, e se for longe demais para o norte, acabará no sul. (Obrigada, planeta redondo!) Em segundo lugar, todos os elementos estão presentes em seu corpo: o ar como respiração, a água como sangue, o fogo nos impulsos elétricos de seus nervos, e a terra como carne e ossos. Portanto, é muito fácil para o seu corpo lidar com esses elementos interna e externamente – basta usar o movimento que é intuitivo para você. Se o que descrevi não lhe parecer adequado, faça o que achar bom e apropriado.

Se eu for demarcar um espaço maior que meu corpo, traçarei sua circunferência com meu corpo. Talvez eu me mova pelo espaço pelo menos três vezes, sendo que cada rotação tem um significado simbólico para mim. Na primeira passagem, marco o círculo no plano físico com meus pés. Na segunda passagem, marco o círculo visualmente com minha mente. Na terceira passagem, trago o círculo para o espaço espiritual. Também estou ligando o passado (primeira passagem), o presente (segunda passagem) e o futuro (terceira passagem), enquanto alinho o corpo, a mente e o espírito. Em seguida, a partir do centro, começo a trabalhar com os elementos e os espíritos, girando no lugar à medida que me dirijo a cada um deles.

É possível fazer tudo isso em silêncio ou ter acompanhamento musical. Tenho uma seleção de peças musicais, em sua maioria instrumentais, que variam de um a dez minutos de duração, dependendo da minha necessidade[30]. Também trabalho com músicos ao vivo ocasionalmente[31].

Quando encerro meu trabalho, não preciso refazer meus passos ou passar pelos elementos e espíritos novamente. Em vez disso, fico no meio do meu espaço e faço um gesto de apreciação ou reconhecimento que sinaliza o fim do processo. O trabalho está concluído.

BRUXESGO
Direção da bruxa

No sentido horário ou anti-horário? Há muito conhecimento sobre a maneira como você deve se movimentar em um círculo, dependendo da prática e da tradição. Normalmente, eu me movo nos dois sentidos em um espaço, a depender do que estou fazendo. Vejo o movimento no sentido anti-horário como um desvio do normal, enquanto o sentido horário se envolve com as marés sazonais. O movimento anti-horário funciona bem com banimento e limpeza, enquanto a cura e a construção de energia estão associadas ao movimento horário. A melhor maneira de descobrir o que funciona para você é movimentar-se nos dois sentidos e experimentar a sensação.

A forma como você se move pelo espaço mágico também não se limita ao movimento circular. É possível se movimentar pelo espaço como se estivesse navegando em uma rosa dos ventos. Por exemplo, é possível trabalhar no sentido norte-sul e leste-oeste, retornando ao centro ou a outro local significativo à medida que avança. É possível reconhecer as bordas dos espaços diagonais entre as direções cardeais, criando um *x* com seus movimentos. Talvez um trabalho associado ao número de um lugar exija que você se concentre em uma direção

30. Ao usar música gravada, configure sua música ritual em um *setlist* dedicado e certifique-se de que ela não esteja no modo aleatório.

31. Observe que "pessoa com um tambor" não significa necessariamente "músico". Muitas pessoas ficam absorvidas em tocar um instrumento e param de prestar atenção ao que está acontecendo no espaço ou de ouvir os músicos que possam estar presentes. Quando estiver criando um espaço, você quer alguém que seja confiável, consistente e engajado.

específica, portanto, é para lá que você vai direcionar sua atenção. Talvez você esteja trabalhando com o simbolismo do submundo, então pode se concentrar no chão – ou levantar o olhar para um reino superior.

Não tem certeza da direção a seguir? Considere o motivo do seu ritual, o momento lunar e/ou solar e o que a sua intuição lhe diz. O folclore, a mitologia e a tradição ajudam a pensar na melhor direção. Dê espaço para a experimentação e não se surpreenda se acidentalmente se mover de uma forma que não estava planejando. Talvez esse tenha sido o caminho certo o tempo todo.

Rosa dos Ventos

Capítulo 8

Cuidando dos caldeirões

Um caldeirão abaixo, na barriga,
Aquecendo o corpo para que flua a vida.
Um caldeirão no peito cuida da chama,
Define o coração em movimento, olhos no jogo.
Um caldeirão é uma coroa na cabeça,
O espírito divino guia, segurando o fio.

O poema bárdico irlandês medieval *The Cauldron of Poesy* (O Caldeirão da Poesia) descreve três caldeirões espirituais encontrados no corpo humano. O Caldeirão do Aquecimento está localizado logo abaixo do umbigo, aninhado na pélvis, onde se encontram os sistemas digestivo e reprodutivo. Esse caldeirão está conectado à parte mais primitiva, instintiva e animal de nós, bem como à nossa saúde básica e ao bem-estar físico. Sabemos pelo Coração da Bruxa que o Caldeirão do Movimento fica em nosso peito, perto dos pulmões e do coração. Ele tem esse nome porque as coisas que literalmente nos fazem entrar em movimento são de seu domínio. Esse caldeirão apaixonado e alimentado pela inspiração é mais influenciado por arte, poesia, música, exploração acadêmica e abertura emocional. O terceiro é o Caldeirão da Sabedoria, que se encontra dentro ou acima da cabeça. Ele está relacionado ao nosso desenvolvimento espiritual, à interconectividade e a mais sabedoria.

Embora esses caldeirões não existam fisicamente, trabalhar com eles pode gerar efeitos muito reais e poderosos em nosso corpo. Eles nos ajudam a nos envolvermos com aspectos de nós mesmas que tendemos a ignorar. Pode ser fácil lidar com as coisas que conseguimos ver facilmente por fora, mas as coisas por dentro são muito mais difíceis de resolver. De certa forma, fazer esse trabalho de superfície é como lavar o carro: é um processo físico acessível que faz com que você sinta que as coisas estão em ordem. Mas trabalhar no motor parece um pouco mais desafiador, não é? Felizmente, não é preciso saber como trocar uma correia dentada ou um conversor catalítico para ajudar o motor do seu carro a funcionar melhor regularmente, embora levá-lo para a troca de óleo e para a manutenção programada possa ajudar. No entanto, mesmo essa tarefa simples pode ser ignorada ou deixada de lado, por não ser tão importante – até que algo dê errado, em geral causando uma cascata de problemas. Assim como acontece com os carros, a manutenção regular do corpo mágico contribui para mantê-lo em sintonia e melhorar o desempenho do seu corpo.

A simplicidade dos caldeirões – só há três deles, e estão situados em locais que dá para acessar fisicamente com apenas um toque – torna-os acessíveis e mais fáceis de trabalhar do que outros sistemas e modelos. Os exercícios a seguir foram criados para facilitar o envolvimento com cada um deles individualmente. Depois de se familiarizar com cada caldeirão, você poderá trabalhar com eles coletivamente. Juntos, eles ajudam a unificar o corpo, a mente e o espírito, o que, por sua vez, aprimora o corpo mágico.

Força

O corpo unido

O movimento da Carruagem lhe ensinou a ter equilíbrio e trouxe vitalidade. Ao encontrar a oitava carta dos arcanos maiores, você descobrirá um tipo diferente de equilíbrio. A força significa a capacidade de liberar seus medos, para que você possa unir a mente, o corpo e a alma. Ela trata da força física combinada com força emocional e mental. A força incorpora o triunfo do amor sobre o ódio. O número 8, com sua relação com o símbolo do infinito, em constante *looping*, traz domínio e serenidade. Ao aprender a cuidar de seus caldeirões, você se fortalece física e espiritualmente.

✱ Ritual para cuidar do seu ✱ Caldeirão do Aquecimento

Você está pronta para limpar o caldeirão invisível que ajuda a melhorar a saúde geral do seu corpo? Embora não se destine a substituir alimentação e atividade física adequadas, esse exercício facilita a remoção de bloqueios que possam estar prejudicando sua saúde e a criação de um senso mais profundo de harmonia corporal.

De acordo com a tradição do *Caldeirão da Poesia*, nascemos com o Caldeirão do Aquecimento situado na posição vertical para nos ajudar a realizar as funções básicas da vida. Infelizmente, esse é o primeiro caldeirão que tendemos a negligenciar à medida que envelhecemos, achando que com ele tudo está garantido. Quando nos sobrecarregamos mental, emocional ou espiritualmente, acabamos perturbando esse caldeirão crucial, desencadeando uma cascata de problemas físicos. É impressionante como podemos nos sentir muito melhor se dermos ao Caldeirão do Aquecimento um pouco da devida atenção.

Comece se centrando com o Exercício das Três Respirações.

Feche os olhos e coloque uma ou ambas as mãos sobre o abdômen (o que for mais confortável). Faça uma respiração concentrada, respirando fundo na barriga.

Em sua mente, visualize um pequeno caldeirão ali, logo abaixo do umbigo. Avalie o estado do caldeirão: em que posição ele está – direito, inclinado de lado ou de cabeça para baixo? Qual é a aparência dele? Está limpo e brilhante ou parece que precisa de uma boa lavagem? Tem algo dentro do caldeirão?

Se você achar que o caldeirão precisa de algum cuidado, respire fundo novamente. Em seguida, visualize o ajuste, o esvaziamento, a limpeza ou o polimento do caldeirão – o que você achar necessário para que ele tenha a aparência que você deseja. Essa área responde bem não apenas ao movimento das mãos, mas também ao movimento da barriga e dos quadris. Movimentos simples e fáceis incluem girar os quadris para frente e para trás (como uma velha máquina de lavar vertical), movimentar a pélvis em círculos ou em forma de oito, ou fazer movimentos suaves. Faça o que for mais confortável e eficaz para você, até ficar satisfeita.

Por fim, coloque a(s) mão(s) de volta sobre a barriga (se as tiver movido na etapa anterior) e respire mais uma vez com foco. Ao expirar, veja o caldeirão como quer que ele seja: ereto, limpo e cheio do que é importante para você. Quando estiver pronta, abra os olhos. O ritual está concluído.

Outra camada que dá para adicionar a esse ritual (que pode ser especialmente útil para pessoas que têm dificuldade de visualizar) é fazê-lo com um caldeirão físico. Primeiro, lave e seque o recipiente como convém ao seu material. Em seguida, abençoe o caldeirão. Aqui está uma sugestão para uma consagração completa usando todos os elementos: primeiro, sopre fumaça de incenso ao redor do caldeirão e, em seguida, passe-o rapidamente pela chama de uma vela. Em seguida, borrife água de poço (ou outra água abençoada) sobre e dentro dele, seguido de um leve toque de terra ou sal. Seque o caldeirão e embrulhe-o com um retalho de toalha de altar ou um pedaço de tecido que lhe seja especial. Deixe-o descansar por três dias e, em seguida, coloque o caldeirão recém-abençoado em seu altar para uso. Cuide do seu caldeirão regularmente e encha-o com coisas que possam ajudar a mantê-lo saudável, como pedras e cristais, ervas, intenções escritas em pergaminhos etc.

Também não precisa ser um caldeirão de verdade – pode ser uma tigela ou um pote pequeno. Gosto especialmente das pequenas tigelas de cerâmica japonesas que costumam ser usadas para arroz, sopa ou chá, pois elas cabem bem em minhas mãos, são bem-feitas, esteticamente agradáveis e, em geral, custam apenas de cinco a dez dólares. Os artistas de cerâmica que expõem em festivais tendem a fazer potes e tigelas exclusivos e descontraídos.

A realização regular desse ritual ajuda a manter sua sintonia com o estado físico de seu corpo. As pessoas que lidam com muitos problemas físicos podem querer fazer esse exercício semanal ou mensalmente. Se você deseja estabelecer novos hábitos saudáveis, recomendo que faça esse ritual durante o período da Lua Nova até o início do quarto crescente. Se estiver procurando banir alguns hábitos ruins, considere realizá-lo durante a última parte da Lua Minguante.

Ritual para limpar seu Caldeirão do Movimento

O Caldeirão do Movimento é, em essência, nosso motor; ele contém o que nos move, acende nosso fogo interior e alimenta nossa paixão pela vida. No entanto, esse caldeirão pode acumular sujeira, diminuindo a velocidade de nosso impulso e afogando nosso entusiasmo. Muitas vezes, nem percebemos que estamos acumulando lodo nesse motor vital, por isso é essencial cuidar do Caldeirão do Movimento regularmente.

Você tende a colocar as necessidades e os desejos dos outros na frente dos seus? Você está fazendo sacrifícios por pessoas que não valorizam seu esforço ou trabalho? Embora seja realmente bom cuidar dos outros, temos de ter cuidado para não deixar que as expectativas alheias sobre nós se sobreponham ao que precisamos para nós mesmas. Às vezes, substituímos o que precisamos para nos manter em movimento pelos desejos e necessidades de outras pessoas. Esse modo não é sustentável. Para estar presente para ajudar os outros, você precisa conseguir valorizar suas próprias necessidades e metas. Caso contrário, corre-se o risco de ficar atolada, deprimida e desgastada. Reflita: você está enchendo seu caldeirão com as ideias e exigências de outras pessoas sobre você? Está deixando espaço suficiente para si mesma?

Neste ritual, comece se centrando com o Exercício das Três Respirações.

Feche os olhos e coloque uma ou ambas as mãos sobre o coração (o que for mais confortável). Faça uma respiração concentrada na região do esterno.

Em sua mente, visualize um pequeno caldeirão dentro do peito, logo atrás do esterno. Avalie o estado do caldeirão: em que posição ele está – direito, inclinado de lado ou de cabeça para baixo? Qual é a aparência dele? Está limpo e brilhante ou parece que precisa de uma boa lavagem? Há alguma coisa dentro do caldeirão?

Se você achar que o caldeirão precisa de algum cuidado, respire fundo novamente. Em seguida, visualize o ajuste, o esvaziamento, a limpeza ou o polimento do caldeirão – o que você achar necessário para que ele tenha a aparência que você deseja. Além de imaginar suas ações, você também pode mover as mãos (e o resto do corpo, se desejar) para ajudar no processo, até ficar satisfeita.

Por fim, coloque a(s) mão(s) de volta sobre o coração (se as tiver tirado na etapa anterior) e respire mais uma vez com foco. Ao expirar, veja o caldeirão como quer que ele seja: ereto, limpo e cheio do que é importante para você. Quando estiver pronta, abra os olhos. O ritual está completo.

Se você tiver dificuldade para fazer a visualização, esse ritual pode ser feito como uma exploração física por meio da magia simpática. Siga as instruções do ritual anterior para abençoar e usar um caldeirão físico. É possível encher o caldeirão com símbolos e itens que você acha que ajudam a gerar bem-estar emocional.

Realizar esse ritual regularmente pode ajudar a manter o equilíbrio e o foco. Considere a possibilidade de fazê-lo nos equinócios e, possivelmente, também nos solstícios, caso queira dar uma conferida trimestral.

✶ Ritual para se conectar com seu ✶ Caldeirão da Sabedoria

Se tivermos dificuldade em nos conectar com nosso senso de identidade, talvez seja ainda mais difícil interagir com os outros. Talvez estejamos confusas sobre nosso propósito ou se estamos realmente tomando as decisões certas. Este ritual facilita a obtenção de clareza e conexão.

Nosso último caldeirão, e com o qual devemos nos envolver, é o Caldeirão da Sabedoria, situado na cabeça ou logo acima dela. De acordo com a tradição, nascemos com esse caldeirão virado de cabeça para baixo, e é nosso desafio corrigi-lo à medida que crescemos e encontramos nosso caminho no mundo. O Caldeirão da Sabedoria orienta nosso desenvolvimento espiritual, tornando-se uma fonte que nos conecta ao fluxo do mundo.

Comece se centrando com o Exercício das Três Respirações.

Feche os olhos e coloque as mãos na coroa, na tampa ou na base do crânio. Faça uma respiração concentrada, inspirando para cima em sua cabeça.

Em sua mente, visualize um pequeno caldeirão atrás de seus olhos e entre suas orelhas, ou no topo de sua cabeça. Avalie o estado do caldeirão: em que posição ele está – direito, inclinado de lado ou de cabeça para baixo? Qual é a aparência dele? Está limpo e brilhante ou parece que precisa de uma boa lavagem? Há alguma coisa no caldeirão?

Se você achar que o caldeirão precisa de algum cuidado, respire fundo novamente. Em seguida, visualize o ajuste, o esvaziamento, a limpeza ou o polimento do caldeirão – o que quer que você ache que ele precise para ter a aparência que você deseja. É possível massagear o crânio, girar suavemente a cabeça com o pescoço ou inclinar ou sacudir suavemente a cabeça para agitar as coisas.

Por fim, coloque a(s) mão(s) de volta sobre a cabeça (se as tiver tirado na etapa anterior) e inspire mais uma vez com foco. Ao expirar, veja o caldeirão como quer que ele seja: ereto, limpo e cheio do que é importante para você. Quando estiver pronta, abra os olhos. O ritual está concluído.

Não se esqueça de que, se tiver dificuldade para fazer a visualização, você também pode fazer isso trabalhando com um caldeirão de verdade (ou talvez uma vestimenta em forma de caveira, caso a ideia lhe atraia). Siga as instruções do primeiro ritual deste capítulo (do Caldeirão do Aquecimento) para abençoar e usar um caldeirão físico. É possível enchê-lo com símbolos e itens que promovam a conectividade, o pensamento claro e a positividade.

A Lua Cheia é um excelente momento para realizar esse ritual. Considere usá-lo para ajudar a se conectar de modo mais profundo com os ancestrais e outros espíritos, portanto, o Samhain é outro bom momento para isso.

Ritual da fonte do caldeirão

Depois de se familiarizar com cada um dos três caldeirões em separado, é hora de combiná-los e abordar todos em um só ritual. Comece com o Caldeirão do Aquecimento, seguido pelo Caldeirão do Movimento e, por último, o Caldeirão da Sabedoria. Concentre-se em um de cada vez, como fez antes, mas quando terminar um, passe para o próximo. Depois de cuidar de cada caldeirão por vez, é hora de deixar que eles fluam uns para os outros, como uma bela fonte.

Deixe os braços ao lado do corpo, com as palmas das mãos abertas e para cima, formando a base de um triângulo com a cabeça.

Respire fundo em sua cabeça, visualizando o Caldeirão da Sabedoria borbulhando e transbordando.

Em seguida, respire em seu peito, vendo as águas fluírem de cima para baixo, chegando ao Caldeirão do Movimento. Por sua vez, ele também borbulha e transborda.

Por fim, respire para a barriga, o fluxo dos caldeirões superiores fluindo para o Caldeirão do Aquecimento. Ele recebe essas águas e envia luz azul para todas as bordas do seu corpo, inclusive as mãos.

Levante os braços acima da cabeça, canalizando essa energia para fluir para cima e para baixo, como uma bomba que retorna a água para o topo de uma fonte.

Deixe os braços descerem pelo centro do corpo, com as palmas voltadas para você e as mãos igualmente espaçadas, na mesma distância de orelha a orelha.

Toque cada caldeirão ao encontrá-lo e repita esse movimento mais duas vezes, fluindo para cima, para cima e para baixo.

Por fim, respire mais uma vez, passando por todas as três zonas, e expire lentamente.

Faça esse exercício sempre que sentir que partes de si mesma se perderam ou estão desorientadas. Pode ser especialmente divertido e relaxante fazer isso no chuveiro ou ao nadar no mar.

Capítulo 9

O lar dentro do templo

Em minha testa repousa brilhante estrela,
Uma luz-guia que brilha ao longe.
Entre, descanse o corpo e a mente,
Pois na escuridão encontrará
Companheiros e espíritos locais.
Tecido de bruxa, bem-vindo é seu rosto.

Ao encerrarmos nossa jornada juntos, quero me despedir com mais algumas coisas para adornar as paredes internas de seu templo – palavras e ritos para ajudar a adornar seu templo interior. E embora o número 9 represente o Eremita, saiba que você não está só. Você não é a única que está descobrindo isso ou que gosta dessas coisas estranhas. Há muitas bruxas e bruxos maravilhosos no mundo.

Em outro sentido, você está cercada de espíritos. Não apenas aqueles que estão em outros corpos humanos, mas também os espíritos de lugares, plantas, animais, bem como divindades, ancestrais e outros seres. Isso não quer dizer que estejam observando enquanto você dorme ou faz sexo (é para isso que os gatos servem, por estranho que pareça), mas você não está só nessa tapeçaria.

Não que você precise de mais alguém. Você é completa por si mesma. Mas é bom saber que você tem apoio, se precisar. Existem espíritos afins em todas as formas, se nos abrirmos para nos conectar com eles.

Portanto, quando você se sentir sozinha ou solitária, reflita sobre sua anatomia de bruxa. O universo respira você tanto quanto você o respira. Você tem um lugar e uma pulsação no padrão da vida. Você é o encantamento incorporado, capaz de se transformar. Você é a canção com a qual seus ancestrais sonharam. Você é a Tecelã, um mistério vivo.

O Eremita

Pelos poderes de três combinados

Começamos nossa jornada com o Louco e a terminamos com o Eremita. Começamos no 0 e nos encontramos no 9, o que tecnicamente significa que o Eremita é a décima carta dos arcanos maiores. Os noves indicam que uma parte da sua jornada está terminando, portanto, é hora de começar a refletir sobre onde você esteve antes de decidir para onde ir em seguida. Se o 3 representa as escolhas a fazer, então chegar ao 9 significa que você está vendo os resultados ampliados dessas escolhas. Desse modo, descanse um pouco e ouça a sabedoria oferecida pelo Eremita. Considere, contemple, faça um balanço e examine os mapas diante de você sob a luz que o Eremita oferece. Então, você estará realmente pronta para iniciar um novo ciclo.

Na caverna do Eremita, você descobrirá que o corpo, a mente e o espírito foram equilibrados por dentro e por fora. O Eremita nunca se retira para a caverna sem estar preparado – ele leva consigo exatamente o que precisa para se sustentar e se preparar para os mistérios futuros. A lanterna que o Eremita segura para você é, na verdade, a estrela que ilumina seu caminho futuro. A luz dos outros também ajuda a guiar seu caminho. Aceitar auxílio quando necessário nunca é fraqueza, mas demonstra coragem, maturidade e força de caráter. Isso significa que você nunca se perderá de verdade, pois não terá medo de parecer mal ao pedir orientações. Você saberá que os erros cometidos ao longo do caminho são simplesmente pontos de orientação que te guiarão em direção ao futuro. A aventura e a sabedoria estão chamando seu nome porque você está pronta e preparada.

Venha para o escuro

O Eremita está chamando você para entrar na caverna. O que significa aceitar esse convite? O que você está disposta a aprender? Do que você vai abrir mão? Você está pronta para descer ao submundo?

As cavernas podem ser lugares assustadores. Quando está escuro e você não consegue ver para onde está indo, é fácil ter medo. Você não sabe o que se esconde nas sombras, mas sua imaginação pode ter uma boa ideia. Não é possível ficar confortável com umidade e todos os lugares parecendo frios e duros. E se você ficar presa em um local apertado? O medo, o pânico e a ansiedade podem ser bastante poderosos na escuridão da caverna.

Mas as cavernas também são locais de conforto. Há momentos em que você precisa se retirar do mundo, se esconder em algum lugar seguro e recôndito. Se você souber acender uma fogueira e se sentir em casa, um lugar escuro e assustador pode se transformar em um refúgio. A caverna se torna um lugar familiar e de ajuda, em vez de incômodo. Às vezes, tudo o que você quer e precisa é poder apagar todas as luzes e ruídos externos para poder olhar com mais profundidade para dentro, sem distração. Aninhe-se na escuridão e ouça a respiração do mundo subterrâneo.

Trabalhar com a anatomia da bruxa pode ser uma experiência de caverna de ambos os tipos. Vamos ver o que pode estar esperando por você no escuro, pois há medos saudáveis e há partes de você que podem agir como seu pior inimigo. O truque é aprender a diferença.

Falando com as sombras

Nos últimos anos, ouvi muita conversa sobre sombras e "eus sombrios" espalhando-se de um canto a outro da internet como uma nuvem de tinta de polvo em um aquário de dez galões. Embora seja fascinante ver os conceitos junguianos aplicados à prática da bruxaria[32], há muitas pessoas que se atrapalham (e às outras) no processo de interpretação e posterior aplicação. A sombra soa assustadora e a escuridão talvez seja apavorante, logo, não é de surpreender que falem sobre o eu-sombra como sendo as chamadas partes ruins, negativas ou prejudiciais de si mesmos. Mas, na verdade, a sombra não é isso.

Na psicologia junguiana, acredita-se que a sombra seja um aspecto inconsciente da personalidade, com o qual o Eu consciente não se identifica ou do qual não está claramente ciente. Pode ser também a totalidade de nosso ser inconsciente – nosso lado primitivo e animalesco. Em essência, a sombra é semelhante à Serpente em muitos aspectos. Sabemos que a Serpente tem boas intenções, mas pode ser difícil interpretá-la, causando frustração. Seus impulsos e sinais podem nos fazer sentir desconfortáveis, mas isso não significa que esse desconforto seja injustificado ou ruim. Devemos trabalhar com a Tecelã para interpretar esses sinais e fazer as escolhas certas para nós mesmas.

As profundezas desconhecidas da psique não são automaticamente ruins, más ou imperfeitas. Essas partes mais profundas de nós mesmas são simplesmente mais difíceis de entender de imediato, pois se comunicam de forma diferente. É por isso que precisamos nos dar um pouco de graça e construir um relacionamento com a Serpente, em vez de demonizá-la quando fazemos uma má escolha. Tampouco devemos nos paralisar com medo de fazer algo errado, ou acreditar que precisamos atingir um estado perfeito antes de fazer qualquer coisa. Em vez disso, a percepção desses padrões é algo que devemos considerar para seguir em frente. Lembre-se: conheça a si mesma – as partes boas e as nem tão boas.

32. A psicologia é uma forma de criar e aplicar a teoria para explicar as experiências da vida. Acredito que se um modelo ou abordagem ajudar a desbloquear algo para você, ótimo. Mas cuidado ao tentar usá-lo como chave-mestra para abrir todas as portas da percepção. Um tamanho único não serve para todos quando se trata da experiência humana.

É um trabalho bom e difícil lidar com as partes problemáticas de nós mesmas e de nossa sociedade. Mas há duas coisas que devemos ter em mente:

1. As bruxas realizam trabalhos mágicos por causa e apesar dessas partes de nós mesmas. Como seres humanos, sua função é experimentar, aprender, crescer e mudar. Você não foi feita para ser perfeita, e ninguém espera perfeição. Assim como na dança, você não pode esperar até sentir que "está bom" para começar a aprender a dançar. Você precisa se movimentar agora, neste momento, pois a próxima grande dica para seguir em frente é a morte. A vida, ou a prática de uma bruxa, não é uma coreografia que se aprende por meio de observação ou ditado. Você tem que se levantar agora e ser péssima na coisa antes de chegar perto de ser boa. Você precisa descobrir como se sente, sem ficar paralisada pelo medo de críticas internas ou externas. E não importa quão bem você aprenda, essa dança mágica da vida é improvisada, muda constantemente com a música.
2. Nem tudo que é difícil está escondido nas sombras. Muito disso está exposto sob luzes brilhantes, como um tesouro roubado e exibido em um museu, pelo qual muitos passam direto. Tenha cuidado para não culpar a escuridão, o oculto, o tabu e o misterioso pelo seu desconforto, seja ele proveniente de você ou de outras pessoas. Algumas das curas mais intensas acontecem em cavernas de sombras, e alguns dos maiores danos são causados pelo clareamento da luz. Um não é inerentemente ruim, nem o outro é apenas bom. A culpa, a vergonha e a bagagem associada a elas podem impedi-la de enxergar com clareza, fazendo com que as feridas se deteriorem e nublem o coração e a mente.

Espero que agora você entenda que seguir o Caminho Serpentino é compreender que não se está buscando a perfeição. A perfeição é como uma borboleta presa em um vidro. Ninguém é capaz de voar nessas circunstâncias, muito menos de viver. Em vez disso, busque espaço para crescimento, mudança e movimento. Reconheça o poder das coisas que você escolhe ter em sua vida, bem como explore os benefícios de abandonar as coisas que não servem mais.

Recorremos à bruxaria para invocar mudanças em nossa vida, em nós e no mundo ao nosso redor. Assim como a Serpente, nós nos movimentamos pelo mundo, entrando no subsolo e ressurgindo, golpeando e recuando, aprimorando nossas habilidades, trocando de pele à medida que crescemos. Se não nos movermos, se não mudarmos, se não nos livrarmos dessas versões antigas, ficaremos estagnadas e cegas para o mundo. Só então, realmente deixaremos de falar com nossa sombra e negaremos o poder de nossa Serpente.

Seja vulnerável, mas use proteção

Como bruxa e bruxo, você percorreu um caminho sinuoso para chegar até aqui e, provavelmente, sobreviveu a muitas feridas ao longo do caminho – grandes, pequenas, hematomas que você nem sabe ao certo como conseguiu superar. A bruxaria não é uma questão de comparar feridas, de competir para ver quem percorreu o caminho mais difícil, mas sim de reconhecer os pontos em comum, mesmo que não estejamos todas no mesmo lugar em nossa jornada. A bruxa não é uma vítima. O poder não está nas feridas, mas em sua capacidade de mudar, apesar delas, e de continuar avançando na jornada, enraizada em sua força para confiar em si. Você nem sempre terá sucesso em todas as mudanças que tentar fazer, mas se infundir sua prática com compaixão e vulnerabilidade, com certeza ficará mais em sintonia com seu caminho.

A vulnerabilidade é outra daquelas coisas assustadoras[33], sobretudo porque as pessoas podem ser assustadoras e até perigosas. Com o passar dos anos, aprendi a me abrir mais, a ser mais comunicativa,

33. Recomendo enfaticamente que você dê uma olhada no trabalho de Brené Brown sobre vulnerabilidade. Ela tem vários *podcasts* e palestras TED excelentes que são gratuitos e fáceis de ouvir, e sua biblioteca local provavelmente tem pelo menos alguns de seus livros. Acesse www.brenebrown.com.

compassiva e vulnerável, tanto em relação a mim mesma quanto aos outros. A vulnerabilidade não deve ser confundida com fraqueza, mas vista como uma disposição para explorar, mudar e ser mudada. Para superar esses locais de dor, para curar essas velhas feridas, lembrando de ser sábia sempre que possível. Quando jovem, eu costumava me preocupar com o que as pessoas pensavam de mim. Era para onde eu olhava em busca de definição, porque não conseguia me ver em meio a toda a confusão. Mas depois limpei os detritos e descobri como confiar em mim mesma. Agora, eu diria que meu maior medo é ferir inadvertidamente as pessoas de quem gosto. Reconheço que não posso controlar os outros, mas posso tentar estar atenta a mim mesma. É um trabalho em andamento, como todos nós.

Minha filosofia para as pessoas é a seguinte: confie que os seres humanos serão humanos. Todos nós cometemos erros e nunca podemos saber realmente o que se passa na cabeça de outra pessoa. Tento lembrar disso antes de tirar conclusões precipitadas sobre o que alguém disse ou fez. As pessoas tendem a usar a frase "amor perfeito e confiança perfeita" na bruxaria, seja com um senso de pureza percebida ou com sarcasmo. Nenhuma das duas opções compreende o significado dessa frase. A confiança perfeita tem mais a ver com dizer: "Eu reconheço quem você é e quem eu sou, exatamente neste momento". O amor perfeito significa reconhecer o bom e o ruim, o subjetivo e o objetivo, as nuances intermediárias – e o fluxo da mudança. Entender e aceitar a responsabilidade por suas expectativas e esforços aqui e agora.

Se você for capaz de reconhecer isso em si mesma e nos outros, então estará aberta a possibilidades. Você não está tão aberta a ponto de ficar desprotegida ou ser ingênua. O passado se torna um guia, não uma corda que a prende. É possível tomar precauções, tanto metafísicas quanto físicas, para se proteger e estar preparada. Como? Seus Pulmões da Bruxa ensinaram-lhe tanto a conexão quanto a soberania de si mesma. Seu Coração da Bruxa deu-lhe visão e capacidade de perceber padrões. A Serpente está preparada para agir, os Ossos estão apoiando a sua prática, e a Tecelã está no controle. Você é a(o) bruxa(o).

Ilumine o caminho

A melhor maneira de navegar pela escuridão da caverna é deixar que sua visão se ajuste ao ambiente. Quando o brilho da luz externa diminui e a quietude da caverna acalma seus nervos, você começa a enxergar com mais clareza do que nunca. Você percebe que há luz na caverna e que ela não vem apenas da lanterna do Eremita. Ela vem de dentro de você. Lembre-se de que você é um corpo estelar, ocupando seu lugar entre as estrelas e iluminando o mundo que a cerca.

Ao se preparar para deixar a caverna e iniciar sua próxima jornada, leve com você estas palavras do Eremita:

Seja vigilante e forte, mas também seja fluida e gentil.
Fale a verdade, com o apoio da compaixão e da sabedoria.
O que se move dentro de você também se move fora e além.
Seja guiada não apenas por seus olhos e ouvidos, mas também por seu coração, mãos e pés.
Que a mudança seja uma bênção e uma oportunidade de equilíbrio em seu caminho.

E por último, mas não menos importante:

Que seu espírito esteja sempre inspirado.

Seja a Bruxa (que eu sei que você é)

Seja a bruxa (que eu sei que você é),
Pisando na terra.
Cada passo é um testemunho da graça,
Ressoando com reverência,
Fortalecido pela presença de espírito.

Seja a bruxa (que eu sei que você é),
Cada palavra dita, escolhida com cuidado,
Selecionada por seu significado mais profundo,
Entoada com sua essência e
Santificada pelo som.

Seja a bruxa (que eu sei que você é),
Ouvindo o zumbido do mundo,
Como uma aranha e sua teia:
Sentindo, percebendo, vendo
Cada vibração do fio.

Seja a bruxa (que eu sei que você é),
Conhecendo os dedos que trabalham as bordas gastas,
Revirando folhas e pedras,
Montando os mistérios
Já conhecidos.

Seja a bruxa (que eu sei que você é),
Tocando símbolos e ferramentas
Para adivinhar caminhos futuros,
Virando cartas e runas,
Um olhar do passado.

Seja a bruxa (que eu sei que você é),
Dançando em sebes liminares,
Navegando entre os mundos,
Envolta em um manto de escuridão,
Mas coroada pela luz.

Seja a bruxa (que eu sei que você é),
Um númen luminoso de
Deus e animal,
Recipiente encarnada de fé e espírito
E irmã das estrelas.

Seja a bruxa (que eu sei que você é),
Tecendo sangue e conhecimento.
Uma visão de confiança e criatura,
Feita de musgo, adornada com chifres,
Mito e magia tornados vivos.

Seja a bruxa (que eu sei que você é),
Guardiã da sabedoria
Belamente ligada por segredos,
Revelando a verdade do mundo
Com cada beijo da terra.

Seja a bruxa (que eu sei que você é),
Confiante, observando, sabendo,
Residindo em raízes e flores,
Voando com a lua e as marés.
Como acima e como abaixo.

✱ Ritual de dedicação de uma bruxa ✱

Há uma sensação de validação que vem com o título de "bruxa" que lhe é conferido por meio de treinamento formal e pelo reconhecimento como tal por outros praticantes. Mas, como aprendemos ao longo deste livro, a única pessoa que pode realmente fazer de você uma bruxa é *você mesma*.

Às vezes, é útil ter um pequeno ritual para declarar esse autorreconhecimento. Um rito de dedicação contribui para instilar um senso de formalidade. A palavra *dedicar* vem do latim *dedicat*, que significa "dedicado, consagrado"[34]. Então, pode considerar esse ritual como marca de sua devoção em seguir esse caminho. Um ritual de dedicação é um juramento que você faz a si mesma. Considere fazê-lo em uma base semirregular, uma vez por ano ou a cada cinco anos. Essa repetição pode ajudar a avaliar seu caminho e a se concentrar novamente no que é importante para você, além de agir como juramento ou renovação de voto. Não é necessário envolver mais ninguém, sejam deuses, espíritos ou humanos. No entanto, é possível chamá-los como testemunhas do seu ritual.

---

34. Lexico.com, uma colaboração entre o Dictionary.com e a Oxford University Press, s.v. "dedicate", https://www.lexico.com/definition/dedicate.

Horário lunar: logo após a Lua Nova, quando a Lua Crescente estiver no céu. Bom momento para novos começos.

Hora do dia: à noite, de preferência quando tiver de duas a três horas sozinha e puder dormir depois.

Suprimentos

Abençoe/consagre os seguintes itens antes de seu ritual:

- Um óleo para unção (pode ser uma mistura especial, um óleo essencial favorito ou simplesmente azeite de oliva colocado em uma tigela pequena)
- Uma vela branca, um suporte de vela e fósforos
- Roupas/joias que inspirem e sirvam para o local onde você planeja fazer seu ritual (dentro ou fora de casa)

Preparativos

Faça uma refeição leve. Tome um banho de limpeza ou ducha, vista-se com o traje escolhido e tenha prontos o óleo e a vela. Dirija-se ao local escolhido (em frente ao seu altar, a um espelho ou talvez a um local favorito na natureza).

O ritual

Realize o Exercício das Três Respirações.

Crie um espaço mágico no estilo de sua escolha.

Acenda a vela e diga:

Que o caminho diante desse bruxo seja iluminado e as sombras sejam conhecidas.

Com o óleo, faça sua unção da seguinte maneira:

Ao ungir cada peito para representar os Pulmões da Bruxa, diga:

Que minha respiração se conecte com o mundo.

Faça a unção do esterno para o Coração da Bruxa, dizendo:

Que meu coração me guie verdadeiramente.

Faça a unção do umbigo e do ventre para a Serpente, afirmando:
Que as palavras que eu disser estejam enraizadas no poder da verdade.

Faça a unção das mãos e dos pés para os Ossos da Bruxa, declarando:
Que o trabalho que faço honre e inspire o mundo.

Faça a unção da testa para a Tecelã, falando:
Que minha mente aceite a sabedoria e esteja sempre aberta para aprender.

De pé, com os pés e os braços estendidos, diga:
Procuro conectar os fios e tecer minha magia no mundo. Ao permanecer neste lugar, na presença do sagrado, declaro que meu corpo, meu sangue e meu espírito são os da Bruxa. De hoje em diante, esta bruxa é conhecida.

Reserve alguns momentos para ouvir e sentir ao seu redor, observando qualquer mudança ou visão. Quando estiver pronta, abra o espaço e prepare-se para dormir. Anote seus sonhos pela manhã.

Em última análise, os melhores rituais são aqueles que você mesma cria, portanto, considere isso uma diretriz para inspiração. Sinta-se à vontade para embelezar o ritual, caso se sinta inspirada.

Sigilo da Anatomia da Bruxa

Você percorreu os cinco sigilos do corpo mágico, interagindo e refletindo sobre cada um deles. É claro que é possível voltar e trabalhar com qualquer um dos sigilos individuais a qualquer momento. Quando sentir que está pronta, aqui está o sigilo final que conecta todos eles: o Sigilo da Anatomia da Bruxa. Ele é retratado aqui ao lado do Sigilo da Tecelã, Sigilo dos Pulmões da Bruxa, Sigilo do Coração da Bruxa, Sigilo dos Ossos da Bruxa e Sigilo da Serpente (à direita, de cima para baixo). Estude os sigilos individuais e encontre os principais componentes que formam o sigilo maior. Para trabalhar com esse sigilo, você pode esculpi-lo ou desenhá-lo em uma vela grande, para colocá-la no altar como lembrete da sua anatomia de bruxa.

Um pouco mais difícil, mas bastante poderoso, é desenhar o sigilo em seu corpo (com óleo abençoado na ponta do dedo ou com um marcador de maquiagem), começando na base do pescoço e continuando até abaixo do umbigo. Isso pode ser feito como parte do ritual de dedicação acima ou com uma das meditações ou exercícios de movimento apresentados anteriormente neste livro, bem como pode ser incorporado a um ritual de sua própria criação.

Sigilo da Anatomia da Bruxa

Conclusão

Quando terminei de escrever o primeiro rascunho deste livro, encontrei na biblioteca local um livro sobre ocultismo. O título me chamou a atenção, mas eu nunca tinha ouvido falar dele e não tinha certeza do que pensar a partir da descrição da contracapa. Abri o livro e fui parar diretamente no capítulo *O retorno de Pan*. Tomando isso como um sinal, levei o livro para ler em casa. Embora eu não concorde com todas as teorias dos autores, sinto que eu mesma poderia ter escrito o parágrafo a seguir – e espero ter transmitido o cerne da questão por meio desta obra:

> As tradições espirituais mais antigas menosprezavam o corpo e consideravam todos os seus desejos como obstáculos a serem superados. Entretanto, na verdade, estar em um corpo humano é uma oportunidade inigualável de ter muitas e diversas experiências de aprendizado. Espiritualidade não é fugir do corpo e de suas funções; trata-se de abraçar nossa realidade total. Para entrar em equilíbrio, precisamos integrar os aspectos primordiais de nossa natureza, não os rejeitar. Para nos tornarmos deuses, precisamos nos conhecer plenamente no corpo, na mente e nas emoções, e nos redescobrir no espírito.
>
> David Ash e Peter Hewitt, *Science of the Gods: Reconciling Mystery & Matter* (Bath, Reino Unido: Gateway Books, 1991, p. 181).

Seja a bruxa que eu sei que você é.

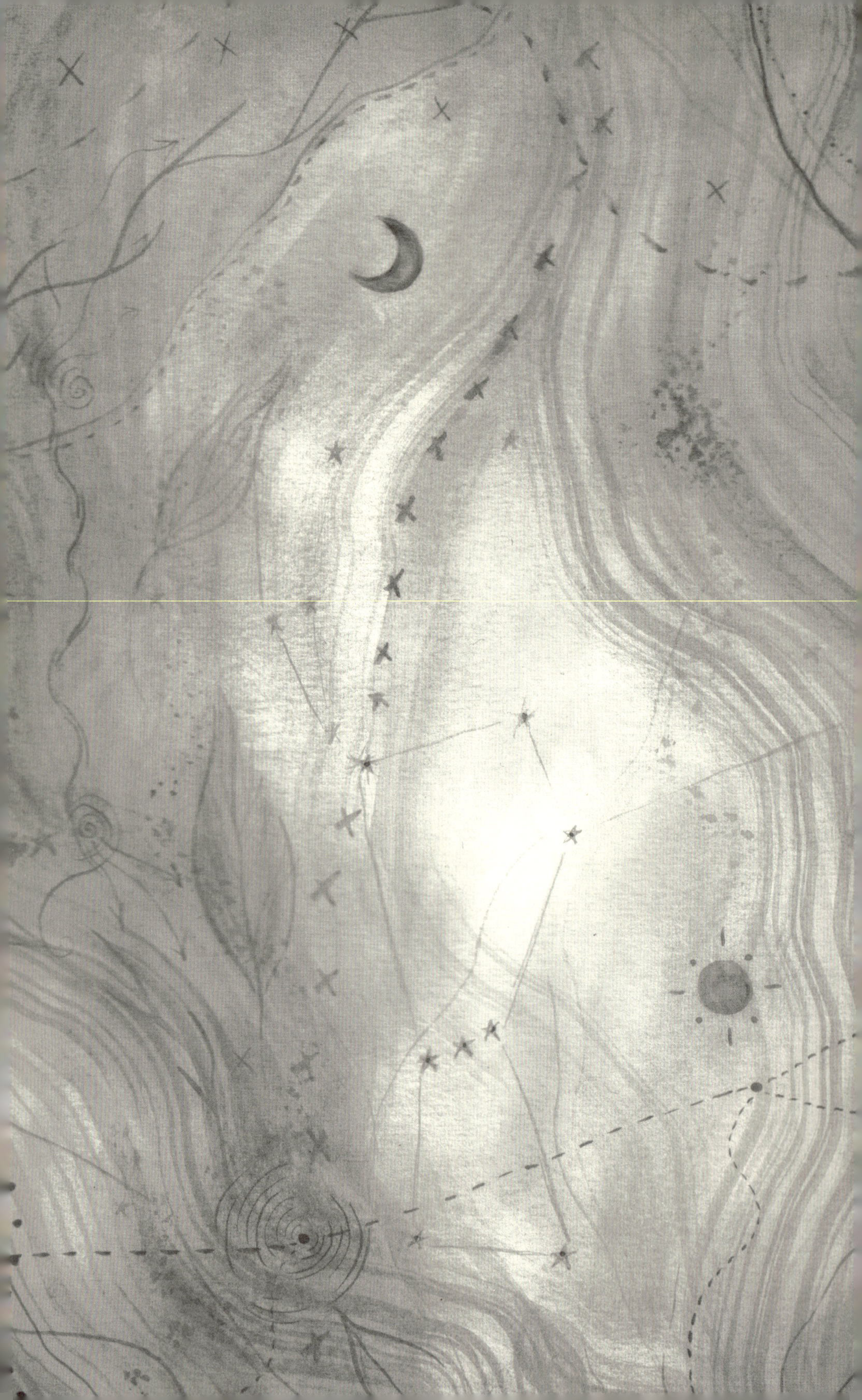

Bibliografia

ASH, David; HEWITT, Peter. *Science of the Gods: Reconciling Mystery &*

BUCKLAND, Raymond. *O livro completo de bruxaria de Buckland*. São Paulo: Pensamento, 2019.

GARY, Gemma. *Traditional Witchcraft: A Cornish Book of Ways*. London: Troy Books, 2019.

GRAY, Eden. *Mastering the Tarot: Basic Lessons in an Ancient*. Mystic Art. New York: Crown, 1975.

HERSHER, Rebecca. *The Making of Emotions, from Pleasurable Fear to Bittersweet Relief.* NPR. June 1, 2017. Disponível em: <https://www.npr.org/sections /health-shots/2017/06/01/530103479/the-makin-g-of-emotions-from -pleasurable-fear-to-bittersweet-relief>. Acesso em: 20 mai 2024.

HUXLEY, Francis. *The Eye: The Seer and the Seen*. New York: Thames & Hudson, 1990.

K, Amber. *True Magick: A Beginner's Guide*. St Paul, MN: Llewellyn, 1990.

KOUDOUNARIS, Paul. *Heavenly Bodies: Cult Treasures & Spectacular Saints from the Catacombs.* New York: Thames & Hudson, 2013.

MALONEY, Clarence, ed. *The Evil Eye*. New York: Columbia University Press, 1976.

MATHIESEN, Robert; THEITIC. *The Rede of the Wiccae: Adriana Porter, Gwen Thompson, and the Birth of a Tradition of Witchcraft*. Providence, RI: Olympian Press, 2005.

PRATCHETT, Terry. *Pyramids: The Book of Going Forth. A Discworld novel*. London: Corgi Books, 1990.

WOSIEN, Maria-Gabriele. *Dança Sagrada: Deuses, mitos e ciclos*. Triom, 2002.

ZAKROFF, Laura Tempest. *Weave the Liminal: Living Modern Traditional Witchcraft*. Woodbury, MN: Llewellyn, 2019.